Experimentar la Alegría de Jesús a través de Discipulado Obediente

Segunda Edicion

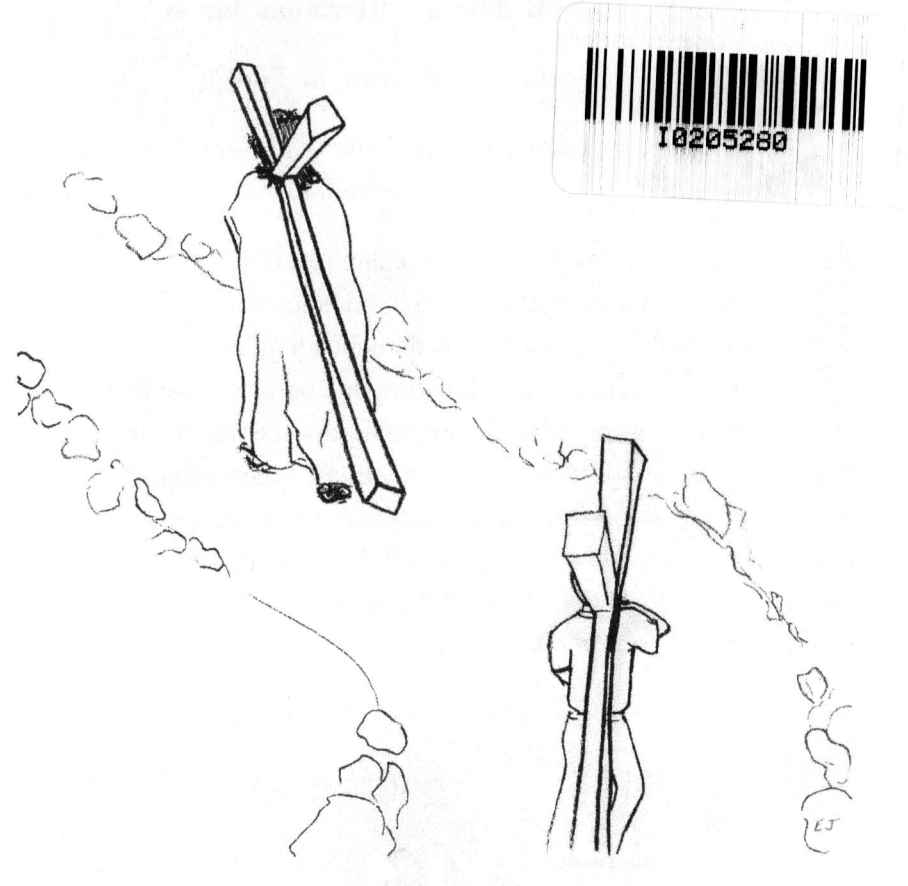

Dr. James B. Joseph "Hermano James"

Traducido por H. Dwayne Powell

Experimentar la Alegría de Jesús a través de Discipulado Obediente

Segunda Edicion

Dr. James B. Joseph | "Hermano James"

Traducido por H. Dwayne Powell

© Derechos de autor 2016 Dr. James B. Joseph. Todos los derechos reservados.

Todos los derechos están reservados por el autor. El autor garantiza que todos los contenidos son originales y no violen los derechos legales de cualquier otra persona o el trabajo. Ninguna parte de este libro puede ser reproducida por cualquier medio, electrónico o mecánico, incluyendo fotocopias, grabación o por cualquier sistema de almacenamiento y recuperación de información, sin el permiso del propietario de los derechos de autor, excepto por la inclusión de citas breves para una revisión.

ISBN: 978-0-9898256-6-5

Web del autor: www.injesusservice.com

Winston-Salem, NC USA

¡A Dios Sea Toda la Gloria!

El Prefacio

Cristo oró para que sus seguidores experimentarían su alegría, que se hizo completa en la cruz. Dios invita a cada persona de cada generación a unirse a él en convertirse en un miembro de su eterna santa familia muy unida. Una vez aceptada, se le pide a cada miembro para ayudar a otros que aún viven separados de Dios a conocerlo y unirse a su familia eterna y el reino. A través del Espíritu Santo, Dios desarrolla amor por todos en los corazones de los miembros de su familia y los da la comisión de ser sus representantes en la Tierra. Tal Cristo, sus seguidores experimentan una gran alegría por cada individuo quien sea rescatado de los engaños del egocentrismo, egoísmo, y Satanás.

A medida que viaje a través de, Experimentando la Alegría de Jesús a través Obediente Discipulado, la experiencia le ayudará a entender más plenamente a Dios y su lugar deseado para usted en su familia. El punto crítico para todos es que todo el mundo debe decidir mientras viven en este lado de la eternidad si o no van a devolver el amor de Dios y someterse a la dirección del nombrado por Él, el Messias, Jesús.

A menudo que conocen mejor a Dios y comprender más plenamente lo que está pidiendo de ti y lo que Satanás está haciendo para obstaculizar a la dirección del Espíritu Santo, que será liberado para seguir a Cristo más fielmente a la batalla espiritual que resulta en más persononas llegando a conocer a Dios y deseando de ser parte de su familia. A medida que más verdaderamente siguen a Jesús, Dios se hará más plenamente conocida y de confianza en todo el mundo. No debemos perder la oportunidad de lo mejor que Dios tiene para nosotros y renunciar a la emoción, la alegría, la paz interior y de seguir el Rey de Reyes, Jesucristo, a medida que trabajamos juntos para llevar a muchos en la familia de Dios!

–En el servicio de Jesús, el hermano James

Las Abreviaturas Utilizadas para los Libros de la Biblia

Viejo Testamento

Génesis: Gn
Éxodo: Ex
Levíticio: Lv
Números: Nm
Deuteronomio: Dt
Jueces: Jc
Samuel 1-2: 1-2 Sam
1-2 Crónicas: 1-2 Cr
1-2 Reyes: 1-2 Re
Nehemías: Ne
Salmos: Sal
Proverbios: Pr
Eclesiastés: Ecl
Isaías: Is
Jeremías: Jr
Ezequiel: Ez
Daniel: Dan
Malaquiás: Mal

Nuevo Testamento

Mateo: Mt
Marcos: Mc
Lucus: Lc
Hechos: Hch
Romanos: Rom
1-2 Corintios: 1-2 Cr
Gálatas: Gál
Efesios: Ef
Filipenses: Flp
Colosenses: Col
1-2 Tesalonicenses: 1-2 Tes
1-2 Timoteo: 1-2 Tim
Tito: Ti
Hebreos: Heb
Santiago: St
1, 2 Pedro: 1, 2 Pe
1, 2, 3 Juan: 1, 2, 3 Jn
Revelación: Ap

Tabla de Contenido

1: Alegría y Paz Interior Puede Ser Difícil de Alcanzar 1

2: El Cuadro Grande: el Resultado de la Creación 9

3: La Eterna Santa Familia Muy Unida de Dios 15

4: Experimentar Bien y el Mal, Exige una Decisión 35

5: Guerra Espiritual: un Subproducto del Libre Albedrío 53

6: El Despertar Espiritual: el Venir a Nuestros Sentidos 71

7: Eperimentar Discipulado Obediente 95

8: Residiendo con Dios 129

9: Vamos a Glorificar a Dios 151

Apéndice: ¡Los seguidores de Jesús proclamar que Jesús es el único camino! 169

Notas de Capítulo 171

Referencias 175

1

Alegría y Paz Interior
Puede Ser Difícil de Alcanzar

Un concepto difícil para aquellos que contemplan el seguimiento de Jesús es el concepto de que uno debe morir a sí mismo con el fin de empezar a vivir con Dios ahora y para siempre. De palabra personal de Dios a su pueblo, la Biblia, Dios le pide a todo el mundo para establecer un lado el placer personal y ambición y aceptar sus asignaciones individuales, que traen de inmediato la paz interior y, finalmente, una gran alegría.

Lo que he encontrado en los últimos años es que muchos tienen dificultad para abandonar los deseos personales presentes para una vida de servicio constante en la familia de Dios, incluso si ese servicio lleva a la vida eterna con Dios en el cielo y una vida más satisfactoria ahora. Para muchos, simplemente se parece realmente difícil de aceptar una oferta de Dios a causa de la aparente falta de ganancia inmediata tales. Aun cuando sabemos que el cielo está asegurada por Dios debido a su gran poder sobre todo, muchos quieren las cosas a su manera ahora y no están dispuestos a permitir que Dios cambie su carácter a ser más y más como Él ni esperar por el finalizado Cielo Nuevo y Tierra Nueva sin pecado, lágrimas, o la tristeza. En realidad, muchos consideran que una vida de seguir a Jesús presenta un costo demasiado alto a renunciar a los placeres del mundo presentes y ambiciones incluso si se dan ahora la paz interior y una vida eterna perfeccionado después de la muerte física.

Jesús pide a todos a considerar cuidadosamente el costo de seguirlo con el fin de que nadie se inicia en un viaje que no están dispuestos a terminar. Él le dice a todos los que estén pensando en seguirlo que tienen que dejar a un lado la ambición personal, entregar su vida a ayudar a los demás conocer a Dios y le siguen en un estilo de vida santo dondequiera que podría conducir. se advierte a todos que si no estamos dispuestos a hacer tal, que no se

Experimentar la Alegría de Jesús
a través de Discipulado Obediente

convertirá en parte de su sagrada familia eterna. A pesar de que nuestra inversión personal de tiempo, energía y recursos en sí mismos no nos llevará a la familia de Dios y su reino, Dios se complace cuando invertimos nuestras vidas en las vidas de los demás.

Dios está contento con cualquier y todo bien que hacemos, pero también está claro que cualquier pecado en nuestras vidas en el pasado, el presente o el futuro, no nos permiten pasar la eternidad con él (Rom 6:23) y que todos han pecado (Rom 3:23). A primera vista, esto parece sombrío, pero hay que tener en cuenta que Dios ha creado a todos a estar con él para siempre. En realidad, él valora nuestras decisiones y quiere llegar a un lugar en nuestras vidas que realmente queremos estar con él no por las cosas que él nos puede dar o hacer por nosotros como si fuera un genio distante, pero a causa de quién Él es: Dios es amor y se preocupa profundamente por todo el mundo. Dios obra en nuestro favor haciendo lo que es mejor para cada uno (1 Jn 4:10-16; 2 Pe 3:9; cf. Jn 3:14-17; 1 Tim 2:4).

Sabiendo lo que se necesitaría para que concedernos la libertad de elegir a vivir con él para siempre o que lo rechazan, nuestro Padre Celestial elaboró un plan con su único hijo, Jesús, a morir por todos (Hch 2:22-36; Ap 13:8). Sabiendo de antemano que nuestra libertad de elegir se va a introducir el pecado en nuestras vidas, Dios hizo un camino para aquellos que aprendieron a confiar y obedecerle para recibir la eliminación total de pecado por la muerte de su hijo. La eliminación total del pecado a través de Jesús era la forma en la que el padre era capaz de estabish una relación a larga distancia íntima con nosotros (Gál 3:13-16; 2 Cor 5:21; 1 Pe 2:26; Col 2:13-14).

En realidad, los que escuchan a Dios recibir de él un nacimiento espiritual en su familia inmediata que produce verdadera paz interior, alegría divina, iluminación, y el poder. A través de la vida en el Espíritu Santo, celebramos con Dios a cada persona que tenemos el privilegio y el honor de dirigir a él. Veamos más en conjunto para comprender mejor lo que Dios le pide a cada uno de nosotros, y después de mirar, usted debe decidir si usted ya está siguiendo a Jesús según la voluntad y los criterios de Dios, o si lo desea y necesita comenzar a hacerlo ahora.

Lo que Nos Enseñaban desde la Niñez

Hay buena probabilidad de que te gusta más se enseñaban desde la niñez a trabajar duro, consigue una buena educación, y haga un lugar por ud en el mundo. Como un niño, me dijeron que el trabajo duro acompañada con una carera universitaria aseguraría una carrera sólida desde lo que podre soportar a mi familia, tener dinero suficiente para algunas actividades de placer, y tener suficiente para ayudar a nuestros hijos empezar a trabajar en sus jornadas de la vida. Todo sonaba lógico y bueno: trabaja duro, aprende una buena profesión, sigue trabajando duro, y levantar su familia en paz y prosperidad.

Lo que Hemos Aprendido a través de la Vida

A menudo que maduramos, la mayoría de nosotros encontramos que la vida es más complicada de lo que nos habían dicho cuando era niño. Por alrededor de veinticinco años, había terminado mi servicio militar y los estudios de licenciatura en la universidad, y mi esposa y yo estábamos listos para criar a nuestra familia y seguir nuestras carreras. Mientras que en la universidad y por la gracia de Dios, ya había construido una relación con el dueño de un negocio que dio lugar a una sociedad de negocios tan pronto como me gradué. La vida era buena e igualó la mayor parte de lo que me habían enseñado como un niño. Había trabajado duro y ahora estaba listo para establecerse con el fin de cuidar de mi familia. Estaba siguiendo a trabajar duro. Fui a la iglesia todos los domingos y buscaba veces ocasionales para relajarse con mi familia y amigos.

Sin embargo, algo comenzó a suceder a lo largo de mi viaje de la vida que sucede probablamente a la mayoría de las personas que viven fuera de su vida adulta. Dios persistente y consistentemente me ayudó a entender con mayor precisión el mundo finalizado que Él estaba en el proceso de crear. Al estudiar su palabra y se aplica lo que él me estaba enseñando, él me ayudó a comprender más plenamente sus planes eternos para un perfecto cielo y un lugar de separación llamado Infierno. Me di cuenta de que está enviando al infierno no fue el castigo de Dios por su mal comportamiento, sino una alternativa para aquellos que no quieren estar con él para siempre. Me sentía más y más conscientes de la bondad de Dios y llegué a comprender que, incluso antes del comienzo de la creación física, Dios ya había hecho un camino para que todos sean con él en el completado, perfecto Cielo Nuevo - si realmente quería estar con él. A medida que empecé a comprender el modo de vida de Dios y lo bueno que es para seguirlo de Dios, empecé a desear agradar a Dios y ser más como él.

Este es el mismo para todos los creyentes. Si escuchamos, Dios nos enseña a ser cada vez más preocupados por el bienestar de todos, y comenzamos a balancear con un peso del bien y el mal que nos rodea en contra de su bondad eterna. A medida que nos acercamos a él a través del desarrollo de interatcion obediente, aprendemos a empezar a dejar de lado nuestras sueñas de la infancia, y recibir sus planes mucho más satisfactorias para nuestra vida eterna.

No creo que nuestros sueños infantiles iniciales y carreras hacen mucha diferencia en la hora de decidir si desea o no recibir a Dios y sus caminos. Algunos de nosotros podemos empezar sin ningún tipo de aspiraciones reales sino simplemente el deseo de cuidar de nosotros mismos y nuestras familias. Otros pueden tener altas expectativas de una carrera gratificante en una variedad de campos que van desde los deportes a la medicina, y empezar a Drifting sin una dirección segura. Sin embargo, en todos los casos en los que no hemos seguido de cerca a Dios desde la infancia, creo que llega un momento en que cada uno de nosotros se da cuenta de que falta algo en nuestra vida.

Para mí, dentro de 5-6 años de crecer con éxito una empresa, empecé a darse cuenta de que el éxito y una cantidad razonable de dinero no era satisfactorio como personalmente como me habían hecho creer. Mientras había estado desarrollando nuestra nueva compañía, Dios estaba desarrollandose a mi. Me estaba volviendo cada vez más preocupados por otros a través de la exposición regular a la palabra de Dios, la Biblia, y a través de la dirección del Espíritu Santo, quien me animó a ministrar a otros, incluyendo las personas sin hogar y los que están en prisión.

Empecé a darme cuenta de que las relaciones cercanas con los demas eran las únicas cosas de importancia eterna. Todo lo demás era secundario.

Mientras escuchaba a Dios, Él desarrolló en mí un amor por los demás que me trajo gran alegría cada vez que podía ayudar a alguien a crecer en su relación con él. Me di cuenta de que tener una relación correcta con Dios era lo más importante que cualquier persona podría tener y que todos los que empiezan a escuchar a Cristo tenían el gran honor y el privilegio de representar a Dios en el mundo. A medida que avanzó el tiempo, me di cuenta de que Dios me estaba pidiendo que dejar de lado mis sueños de infancia y aceptar las buenas obras que específicamente había planeado para mí. Su plan para mi vida se había establecido antes de que el universo se puso físicamente en su lugar. Sólo tenía que seguir su ejemplo y su plan, no la mía.

Cuando me di cuenta de que yo estaba en una de las encrucijadas de Dios para mi vida, sabía que si coninué siguiendo mi sueño de la infancia, probablemente lo habría hecho el éxito que yo esperaba, pero yo no estaría satisfecho. Si quería experimentar verdadera satisfation, alegría y paz interior, que tendría que confiar en Dios lo suficiente para girar completamente en su camino para mi vida. Aunque había rededicado mi vida para seguir a Jesús a lo mejor de mi capacidad a los 28 años, no fue hasta que llegué a la edad de 37 años que estaba listo para cerrar mi negocio y dar el siguiente paso en su seguimiento. Durante los años siguientes, me he dado cuenta de que seguir a Jesús es un viaje que ofrece el crecimiento piadosa constante a medida que nos inclinamos a confiar y obedecerle con mayor fidelidad día a día.

Dios Nos Anima a Conocerlo Bien

Si aprendemos a escuchar a Dios, muchos de nosotros podemos dar cuenta de cómo Dios nos ayudó a cambiar lejos de nuestros sueños personales y caminos en una ruta mucho más satisfactoria que ha establecido personalmente por nosotros. Si no lo ha hecho todavía, sigue leyendo y que considere la posibilidad de permitirle a Dios aydarle seguir su camino para usted. Cada uno de nosotros se hacen de forma única a la imagen de Dios conforme a su semejanza, pero debido a haber nacido en un mundo caído, con naturaleza caída, todos empezamos lejos de alcanzar nuestro potencial eterno. Parte de la buena noticia de que Dios tiene para todos es que si empezamos a escuchar a Él, Él nos pondrá en un camino que es a la vez bueno y satisfactorio.

Durante la próxima década, Dios me ayudó a conocerlo y a su palabra más plenamente a través de la formación de estudios biblícos postgrados y la interacción continua con los demás según Dios. Dios obró en mi vida de una manera que se foment a mi esposa y yo a alejarse de lo que nos habían enseñado de niños y nos hubiera cambiar nuestro enfoque principal de sólo el cuidado de nosotros mismos y nuestra familia cambiarlo en ayudar a otros a conocer y seguir a Dios. A medida que continuó entrenandonos a través de su palabra escrita y la dirección del Espíritu Santo, Dios nos ayudó a ver más allá de lo inmediato y considerar las preocupaciones eternas también.

Dios me ayudó personalmente a experimentar una gran gozo en cualquier momento que yo era capaz de ayudar a otros a empezar a escuchar a él. Empecé a ayudar a otros a entender la importancia de moverse fuera del camino ancho que conduce a una condena eterna. Este camino ancho que todos empiezan con (y muchos otros permanecen en toda su vida) conduce a una vida eterna de la vergüenza y el sufrimiento sin Dios. Sin embargo, hay un segundo camino recorrido con menos frecuencia para los que optan por escuchar a Dios. Este camino menos transitado puede ser emocionante y conduce a una gran alegría divina y la paz interior.

Aunque cada una de nuestras vidas son distintas, hay un par de puntos de referencia común para todos. Una vez que hemos sido concebido, cada uno de nosotros es un ser eterno. En segundo lugar, Dios tiene un plan perfecto para cada uno de nosotros que nadie consigue por completo, pero algunos siguen más de cerca que los demás. Aunque Dios no llama a la mayoría de la gente en el ministerio de tiempo completo, que llama a todos los creyentes a minstrar a los demás. A medida que escuchamos a Dios a través de la obra del Espíritu Santo, Dios nos ilumina de manera que empezamos a conocer la verdadera realidad desde su perspectiva y su plan. Mientras seguimos a la dirección de Dios y le presentamos a los demás, nos alienta, autoriza, y experimentamos emoción, alegría y la paz interior.

      Tanto la lectura de este libro y estudiar y aplicar los principios bíblicos dentro de ella, debe aportar más claridad en general a su eterno viaje antes de su muerte física. Vamos a considerar juntos cómo Dios nos creó para ser parte de su voluntario, íntima, y etarna familia santa y lo que eso significa dentro de una perspectiva eterna. Satanás continuamente distrae y engañar a la mayor cantidad posible de modo que no van a tener tiempo para escuchar a Dios y empezar a entender lo mucho que Dios ama a todos y como Dios quiere lo mejor para todos. Cuando alguien escucha a Dios y decide que es digno de seguir, que nacen de Dios y comienzan a experimentar una transformación, que los hace moralmente más y más como Cristo. Se convierten en una parte efectiva de la operación de rescate de Dios para ayudar a otros a ver más allá del engaño de Satanás.

      Las únicas personas que van a estar con Dios en el Cielo y la Tierra son los que optan por ser parte de su sagrada familia después de haber dado cuenta de que tener una relación con nuestro amante Creador es mucho mejor que tener todo a nuestra manera. En realidad, lo que uno tiene que renunciar con el fin de seguir a Jesús es difícil de alcanzar y temporal, pero lo que se gana tiene un verdadero valor eterno de partida en el aquí y ahora. Como ministro me recuerda cada vez que hablo en un funeral, que el alma de cada persona muerta se encuentra en uno de dos lugares: él o ella ya sea con Dios o en una cárcel llamada el Sheol, el Hades, a la espera de ser juzgado por Dios y luego ser enviados a un lugar aislado lejos del cielo nuevo llamado el Infierno sin posibilidad de salir nunca. No puede ser peor que eso.

2

El Cuadro Grande:
el Resultado de la Creación

¿Alguna vez ha tenido momentos de silencio cuando Dios parecía tan cerca que se vieron desbordados de alegría? ¿Ha llegado a un lugar en la vida que está experienceing el amor, la alegría y la paz interior de Dios en forma permanente, todos los días? Si no es así, puede ser que usted ha estado demasiado ocupado y ha rechazado continuamente la invitación de Dios para convertirse en parte de su familia eterna. Si Satanás puede mantener a la gente ocupada y reducir o eliminar su relfection en Dios y su gran amor por todos, está logrando mucho en su lucha contra Dios. Mientras lee, tomemos el tiempo para reflexionar sobre Dios, su bondad y su deseo para todos nosotros para llegar al lugar de recibirlo de acuerdo a su camino amante recto de la vida, lo que conduce a la vida eterna con él. Dios nunca forzará a nadie a regresar su amor, sino el deseo de que todos lo hacen.

Al reflexionar sobre Dios y su resultado deseado por todas, nos damos cuenta de por lo menos cuatro puntos clave: (1) Dios creó inicialmente el hombre a su propia imagen de acuerdo con su semejanza (Gn 1:26-27) en un estado sin pecado terrenal (Gn 2:7); (2) Dios le dio a la humanidad una cantidad bastante grande de la libre voluntad con el fin de tener una relación mutua estrecha con todos los que vendrían a desear la misma: (3) Dios sabía desde antes de la parte física inicial de la creación que toda la humanidad estaría envuelto en el pecado por el pecado inicial de Adán y Eva, y por lo tanto, toda la creación inicial entraría un estado corrompido (Ap 13:8; Rom 8:18-22); y (4) Dios sabía que sólo él tenía una capacidad, no sólo para restaurar los que aprendieron a devolver su amor a un estado sin pecado, sino a través de su propia muerte elevarlas a un estado superior, un estado resucitado. Estos resucitados comparten cualidades tanto de carne y de espíritu, lo cual es el mismo que el estado resusitado, final de Jesús (Fil

3:20-21). Este Jesucristo es el unigénito Hijo, que creó todo el universo material bajo la dirección de su Padre (Heb 1:1-2; Jn 1:1-3; Col 1:13-20).

Deseando una relación de mutuo amor, el resultado final de Dios de la Creación permite a la familia de Dios a vivir con él para siempre en una relación muy estrecha en su impecable nuevo cielo y la nueva tierra con no más dolor y la tristeza (Ap 21:1-4; 2 Pe 3:10; cf. Dan 12:1-2; Mt 25:34, 46). Los que rechazan el amor y / o el señorío de Dios tienen que esperar en un lugar de espera similar a la cárcel llamado el Sheol o el Hades (Lc 16:19-31; Ap 20:13) y, finalmente, juzgado y condenado a vivir eternamente aislado de Dios en un lugar aislado de la vergüenza eterna y el sufrimiento llamado el Lago de incendio y / o el Infierno (Ap 20:11-15; Dan 12:1-2; Mt 25:41, 45-46).

La Creación Se Está Moviendo Hacia Su Forma Final

La creacion es una obra de Dios, y él sabe lo que está haciendo! ¡Dios es genial! No sólo es soberano, que no está limitado por el tiempo ni se cometen errores. Cuando Dios vio el comienzo de la creación, dijo que era "muy buena" (Gn 1:31). Desde el principio de la creación, sabía cómo cada uno de nosotros respondería a su amor y señorío, y sabía cómo iba a salvar a todos los que quieran aprender a volver a su amor (Ef 1:3-8; 1 Pe 1:1-2; Rom 8:28-30).

Cuando consideramos la meta final de Dios, el resultado final de su creación, nos damos cuenta de que su creación no ha terminado hasta que ha separado los que van a aprender a confiar y obedecerle de aquellos que no lo hará - de todas las generaciones y las naciónes. Dios pone a esas personas de todas las edades que aprenden a escuchar a él en su familia santa y eterna y les proporciona un lugar sin pecado para vivir.

Teniendo en cuenta que Dios había planeado todo antes de que físicamente creó a la humanidad y el universo, ¿cuál es su parte más allá de los primeros siete días de la creación? Antes de reflexionar sobre algunos de los detalles, consideremos un punto crítico. A pesar de que Dios le pidió a la humanidad para cuidar el

El Cuadro Grande: el Resultado de la Creación 11

uno del otro y la vida en general (Gn 1:26-28), es Dios - no nosotros - quien ha estado haciendo el trabajo pesado a lo largo de todo el proceso de creación. Es Dios quien se ha hecho un camino a través de la muerte de su hijo para purificar a todos, y Dios es él quien mantiene constante la creación juntos e interactúa con todo, para mejorar todos los que le recibirá en su Reino eterno (Ap 3:20; Col 1:13-20).

Dios, que no está limitado por el tiempo, sabía de antemano lo que se necesitaría para crear una familia santa muy unida con voluntad libre. El sabía de antemano que en la Creación entera querría formar parte de su familia amorosa eterna; ellos son los que son "llamados" por Dios (Rom 8:28; Ef 1:3-5; 1 Pe 1:1-5). También sabía de antemano que tendría que morir por toda la humanidad (Jn 3:14-15; con el fin de llevar a aquellos que aprenden a quererlo en un estado resucitado final eternamente perfeccionado.

Así que antes de iniciar la creación física, Dios Padre, Dios Hijo, y Dios el Espíritu Santo planeadas una muerte dentro de la Trinidad (Tri-unidad) en las que sufrirían tremendamente como el Hijo fue separado del Padre (muerte espiritual) cuando murió en nombre de todos por todo el tiempo (Heb 10:10-14). Para los que deseen aprender a confiar y obedecer a Dios, Jesús quitaría su pecado y absorberlo en su propio cuerpo con el fin de eliminarlo para siempre (Gál 3:13-14; 1 Pe 2:24; 2 Cor 5:21; Col 2:13-14). Aunque no es posible para nosotros, sería como si alguien podría eliminar el cáncer de otra persona mediante la absorción de las células malas de la persona enferma y su sustitución por células sanas de su propio cuerpo y luego morir debido al cáncer ahora asola su propio cuerpo.

Más allá de los primeros seis días de la creación y el séptimo día de reposo, Dios no sólo ha muerto por todos en el momento justo (Gál 4:4), sino que también ha sido la interacción dentro de los corazones y las mentes de todo el mundo, alentando a todos a rechazar el mal y para hacer e bien. Dios se asegura de que no importa las circunstancias en que uno nace, todo el mundo va a entender que él desea que todos sean parte de su familia y vivir vidas santas (2 Pe 3:9; 1 Tim 2:4). A pesar de que todo el mundo nace en el pecado en virtud de los muchos engaños de Satanás, todos tienen la oportunidad de superar el mal como Dios enseña a

Experimentar la Alegría de Jesús a través de Discipulado Obediente

todos la realidad de su creación y sus requerimientos para la vida eterna, que finalmente trae algunos hasta el punto de querer hacer su voluntad y seguir sus caminos santos (Rom 2:11-16; Mt 12:50; 1 Jn 2:17).

Reciviendo a Dios de Acuerdo con Sus Términos

Sabiendo que Dios quiere que todos aprender a volver a su amor (Jn 3:16; 2 Pe 3:9), ¿por qué tantos siguen en el camino ancho que lleva a la destrucción (Mt 7:13-14) en lugar de recibir a Dios en sus vidas? Cono Dios está haciendo tanto mucho para todo el mundo, parecería logíca que la mayoría saldrían de la carretera que conduce a la destrucción y seguir el camino de Dios para sus vidas. Pero, en realidad, un elevado sentido de la autoestima, el orgullo, junto con el estímulo de Satanás a rebelarse continuamente en contra de Dios, hace que muchos continuen de seguir sus propios deseos en lugar de los que Dios. Con las muchas distracciones de la vida en general, si ignoramos a Dios hablando a nuestro corazón, vamos a dejar de conocerlo y amarlo por lo que es. Él es un Creador amoroso cuidado. Nuestra primera obligación es aprender a amar a Dios a cambio. Él está trabajando constantemente con nosotros y digno de nuestro amor (Dt. 30:19-20; Mt 22:36-37; 1 Jn 4:16). En segundo lugar, si queremos estar con Dios, debemos permitir que Dios para rompe trecha en nuestra actividad personal y los engaños de Satanás y permitir que Dios nos enseña a amar a los demás en el mismo nivel que a nosotros mismos y nuestras familias (Mt 22:39; Jn 13:34). No pasó mucho tiempo después de la indicada siete día de la creación que Satanás llama mentiroso a Dios respecto a la muerte a través de la desobediencia y tentó a Eva y Adán al pecado en contra de Dios con el resultado su separación inmediata de Dios (Gn 3:1-6, 24). Este fue el comienzo de nuestro actual mundo caído. Todo el mundo comienza con una naturaleza corrupta ahora, debido al pecado inicial de Adán y Eva y pecados cometidos adicionales durante cientos y cientos de años por los que nos han precedido. A continuación, añadimos las consecuencias de nuestros pecados personales a la mezcla. Este equipaje es compartida por y afecta a

El Cuadro Grande: el Resultado de la Creación

toda la humanidad. Sin embargo, si nos fijamos en el mundo y nuestra naturaleza caída y la comparamos con la pureza de nuestro amante Creador, algunos de nosotros hemos llegado a un punto en nuestras vidas en los que queremos un cambio. Queremos una vida pura, santa; por lo tanto, hemos llamado por un Salvador (Is 6:1-8; Hech 4:12; Gál 3:24).

Lo que realmente complica las cosas no es sólo el hecho de que todos nacen en el pecado, pero, en realidad, todos hemos nacido en una guerra en curso iniciada por Satanás en contra de Dios (Mt. 11:12; 1 Pe 5:8-11; Ap 12:7-11). Dios podría haber bloqueado Satanás en cualquier momento, incluso antes de o durante la Creación, y, finalmente, va a hacer precisamente eso (Ap 20:10). Sin embargo, parece que Dios permite que Satanás permanezca en nuestra presencia para tentarnos a rebelarnos contra él con el fin de obligarnos a pensar en nuestra propia naturaleza caída, la bondad de Dios, y el futuro Cielo Nuevo y Tierra Nueva.

Lo que a veces olvidamos es que el Cristo el Mesías de Dios, Jesús, no ha venido a traer la paz a todo el mundo, pero en para dividirnos entre los que están dispuestos a seguir a Dios y los que no lo somos (Mt 10:34-39; Lc 12:49-53). A pesar de que no tenemos actualmente la paz mundial, demos gracias a Dios que Jesús vino a traer la paz eterna a todos los que aprenden a escuchar a Dios, tal como él los reconcilia consigo mismo (Ef 2:14-16; cf. Jn 16:33).

Dios tiene una política de puertas abiertas continua para todos los que se someten voluntariamente a su señoría, que perdona nuestro pecado y nos reconcilia a su familia eterna. Dios obliga a todos a considerar cuidadosamente lo que personalmente queremos de nuestra vida eterna porque una vez que uno nace físicamente, él o ella vive para siempre, ya sea con o sin él. Esta es la razón por Satanás trabaja muy duro para mantener a toda la gente ocupada ya sea sólo sobreviviendo a las guerras que sucede a su alrededor, simplemente yendo a trabajar día tras día, y / o la búsqueda de algunas formas de placer personal. Si Satanás puede mantener a la gente ocupada a través de la actividad en curso, Satanás evita a muchos personas de tomarse el tiempo para reflejar adecuadamente sobre la realidad eterna, que Dios pone en la conciencia de todos.

Experimentar la Alegría de Jesús
a través de Discipulado Obediente

Así, a medida que seguimos de reflexionar sobre Dios y su bondad, nos damos cuenta de que El espera que le escuchemos a él, porque él es nuestro Creador Padre, quien nos ama sin medida y trabaja constantemente en nuestro favor. Todo lo que él quiere enseñarnos es para nuestro bien personal y colectivo. Dios nos enseña que la verdadera alegría y paz interior provienen de morir a nuestras aspiraciones egocéntricos y uniéndose a él en servirse unos a otros (Lc 9:23; 14:26-27, 33; etc). Ser parte de la eterna sagrada familia muy unida de Dios otorgue un nivel fundamental de la alegría y la paz interior que no puede ser duplicado por cualquier perversión del estilo de vida o la voluntad de Dios para nuestras vidas. Jesús quiere que nuestra alegría sea completa, que sólo puede llevarse a cabo si segimos llevando nuestro cruz individuo (Jn 17:13; Heb 12:1-2; Col 1:24). Al permitir que Dios nos transforme, el Espíritu Santo se desarrolla nuestro carácter a ser más y más como su personaje, lleno de amor, alegría, paz, paciencia, benignidad, bondad, fe, mansedumbre y dominio propio (Gál 5:22-23).

3

La Eterna Santa Familia Muy Unida de Dios

Cuando leemos en el comienzo de la Biblia cómo Dios creó los cielos y la tierra de la nada, debe producir dentro de cada uno de nosotros un temor de Dios. Dios es grande y los cielos están declarando su Gloria (Sal 19:1). A medida que continuamos leyendo, mirando más allá de la creación del universo físico, debemos estar llenos de un sentido de alegría cuando nos damos cuenta que Dios ha creado a todos a ser parte de su familia eterna.

Después de que Dios había creado a todos los animales de acuerdo a sus propias clases individuales (especies: Gn 1:24-25), que creó la humanidad a su imagen de acuerdo a la semejanza de su propia naturaleza (Gn 1:26-27; cf. 3:22; Hch 17:22-34; St 3:9). Aunque nuestra naturaleza ha sido corrompida por la desobediencia a partir de Eva y luego Adán, Dios concede a todos la libertad de tomar decisiones acerca de las relaciones contemporáneas y eternas. Sabiendo que este alto grado de libertad daría lugar a la desobediencia y la separación temporal para todos de él, Dios todavía eligió este camino para nosotros y estaba dispuesto a morir por nosotros, llamando al resultado global de la creación, tov meod, infinitamente Bueno (Gn 1:31).

Es un creador cariñosa y amable (1 Jn 4:16; cf. Éx 33:18-19; 34:6-7) y él ha hecho un camino para eliminar todo lo que es malo (perverso/corrupto) de sus hijos obedientes, haciéndolos adecuadas para su familia eterna (Col 2:13-14). Para aquellos que permiten Dios dirigir y dar forma a sus vidas, en el momento de la muerte física o en el Rapto (1 Tes 4:15-17), termina de perfeccionar cada uno en la santidad de acuerdo a su imagen moral manteniendo sus atributos únicos.

Experimentar la Alegría de Jesús a través de Discipulado Obediente

El Segundo Nacimiento

Se desprende de las enseñanzas de Jesús a Nicodemo que es fundamental que uno de nacer por segunda vez. Si se va a ver y entrar en el cielo, uno debe nacer una segunda vez - esta vez en la familia santa de Dios (Jn 3:1-8). Jesús había enseñado a sus discípulos que ningún individuo podría nacer espiritualmente en la familia de Dios a través de la voluntad y / o la acción del hombre, sino únicamente por la voluntad de Dios y sus acciones (Jn 1:12-13). Cuando Jesús le dijo a Nicodemo que Dios ama a todas las personas por lo tanto que envió a su hijo, que le ayudó con la creación, a morir en una cruz de madera para su salvación, él estaba diciendo a Nicodemo que el amor de Dios es diferente que el amor del mundo.

A pesar de que los hijos de Dios estaban en rebelión directa contra él (Jn 1:10-11; 3:19-20; 15:18-19), Él todavía proporciono un camino de paz y alegría para ellos (Rom 5:6-10). Su creación se rebelo contra su plan de paz para sus vidas y por lo tanto le transgredieron contra Él y los demás. Sin embargo, eso no impidió que Dios de amara al mundo y hacer un camino para todos los que quisieran aprender a confiar y obedecerle a nacer de nuevo en su sagrada familia, esté justificada por la muerte redentora de su hijo. Cuando Cristo entró en el mundo por el poder del Espíritu Santo, al encarnarse como un bebé en el vientre de María, que vino a mostrarnos cómo vivir una vida santa proclamando el amor de Dios, y murió en una cruz por nosotros.

La comenzar a respondemos a la obra de Dios para iluminar nuestras vidas, Dios nos muestra cada vez más de su naturaleza y el estilo de vida deseado. Cuanto más se escucha a Dios y hacemos su voluntad, profundo le conocemos y deseamos hacer aún más voluntad. A medida que el Espíritu Santo nos hace conscientes de nuestros defectos a la luz de la naturaleza santa de Dios, cada uno de nosotros debe llegar a un lugar donde estamos dispuestos a admitir que poseemos una naturaleza caída dañado y permitir que Dios inicie la transformación de nuestras vidas. Si no lo hacemos, nunca vamos a comenzar a experimentar de primera mano el amor, la alegría y la paz interior que vienen a través de él y después de vivir de acuerdo a su estilo de vida santo.

Uno Es un Número Solitario

Cuando se habla de individuos solitarios, "uno" es un número solitario y que la realidad es válido incluso para Dios. A pesar de las muchas formas de vida creada al principio de la creación, Dios dijo que no era bueno para Adán estar sin una pareja adecuada, y por lo tanto, él hizo una compañera para Adán a quien poder relacionarse y compartir su vida (Gn 2:18). Del mismo modo, vemos a nuestro Padre Celestial que trabaja con su hijo querido crear un pueblo a su propia imagen (be-tsalme-nu; "a nuestra imagen") de acuerdo a su propia semejanza (ki-demute-nu; "conforme a nuestra semejanza") (Gn 1:26-27)[1], que sería eternos compañeros adecuados para Jesús (Rom 8:29; 1 Cor 1:9; Col 1:16). Serían un pueblo a quien el Padre y el Hijo podían relacionarse, compartir sus vidas, y unirse a ellos en una relación piadosa madura que sirve, que a su vez les darían una gran alegría y paz interior (Mt 12:50; Ap 3:20-21; 21:3). Tener una relación piadosa con Dios y con los demás produce buenas obras.

Durante nuestra vida terrenal, Dios vive en estrecha colaboración con todos tal como los padres amorosos hacen a menudo vigilando atentamente por sus hijos (Mt 23:37; Lc 13:34). Sin embargo, él no puede compartir totalmente su vida con nosotros hasta que maduramos. Del mismo modo que adultos, no podemos vivir en el mismo nivel de intimidad con nuestros niños pequeños, ya que podemos con algunos de nuestros hijos adultos y maduros amigos cercanos. Para hacer posible la estrecha relación, madura, y eterno, que nuestro Padre Celestial está en el trabajo de una manera especial desarrollar en a los que le escuchan. A medida que nos sometemos a la guía y santa forma de vida de Dios, diariamente Él nos alienta a unirons a Él en sus buenas obras, a la espera del tiempo que nos llevará a la presencia eterna.

De una manera algo similar, con paciencia, trabajamos con nuestros hijos, ya que están en desarrollo, esperando el día en que podamos obtener una relación madura de cerca con ellos como adultos. La principal diferencia es que somos felices si el pecado de nuestros hijos se reduce cuando maduran, pero Dios insiste en la eliminación total de pecado. Dios promete a todos los que siguen a su líderazgo que va a transformar totalmente su carácter moral de ser como la de Cristo, y por medio de el Milagro de la Cruz, Dios les dará la bienvenida al cielo sin pecado.. ¡Que milagro! A causa de la muerte expiatoria de Jesús, los que escuchan a Dios entrará en su presencia eterna sin pecado y vestidos de su justicia (2 Cor 5:21, 1 Pe 2:24; Rom 8:28; 1 Jn 3:1-2).

La Intimidad Deseada de Dios

¿Dios parece demasiado lejano, justo y glorioso para querer una estrecha relación con usted? A causa de nuestro pecado, es fácil para todos nosotros a tener en cuenta una relación distante con Dios, pero pensar que Dios quiera vivir con nosotros en una estrecha relación sólo parece ilógica en nuestro presente estado de pecado rebelde. Nos parece que si llegamos a cercar a Dios, nuestro pecado se empañaría su reputación y gloria. Sin embargo, todo lo contrario es cierto: la voluntad de Dios para trabajar con nosotros en nuestra condición de pecado, hostil muestra su verdadera naturaleza del amor puro que se demuestra a través de su justicia que se templa con su gracia (Rom 5:8-10). De hecho, como Jesús ministró en la Tierra, era común para que se asocie con los pecadores conocidos. Debido a su disposición a asociarse con los pecadores flagrantes, su reputación parecía haber sido empañada por algunos que no entienden cómo funciona el amor de Dios para levantar todos (Mt 9:9-13; 11:18-19; Lc 15:32). Sin embargo, al final, la gloriosa naturaleza de Dios se verá claramente por todo el mundo (Ap 22:5-11; 3:20-21).

Dios Desea que Nosotros Queremos Agradarle

Un día cuando Jesús estaba enseñando acerca del Reino de Dios, alguien vino a él y le dijo que su madre y sus hermanos estaban fuera y querían hablar con él. Esto se convirtió en un momento oportuno para enseñar a los que le rodean acerca de la cercanía de la familia eterna de Dios. Jesús le preguntó a la que había hecho la solicitud en nombre de su familia biológica, quien eran sus madres y hermanos. A continuación, procedió a contestar su propia pregunta y se extiende su mano hacia sus discípulos, diciendo: "He aquí mi madre y hermanos! Porque el que haga la voluntad de mi Padre que está en los cielos, ese es mi hermano y hermana y madre [Mt. 12:49-50; cf. Lc 8:19-21]."

Con esta enseñanza, Jesús quería que los que estaban presentes y todos los futuros discípulos a reconsiderar la idea de familia. A pesar de nuestras familias biológicas son normalmente más cerca que cualquier otro tipo de relaciones terrenales, los seguidores de Cristo están en realidad más cerca de Dios y entre sí que cualquier relación biológica. Sí, todos tenemos una responsabilidad dada por Dios para cuidar de nuestros miembros de la familia inmediata (1 Tim 5:8), pero Jesús está enseñando a todos los que escuchan que su Padre Celestial es la cabeza de todo y que sus seguidores son una santa familia muy unida que está más cerca que los parientes de sangre. Jesús está tan cerca de cada uno de sus seguidores que cada vez que alguien hace algo bueno o malo hacia cualquiera, también lo están haciendo directamente a favor o en contra de él (Mt. 25:31-46).

Hermanos Eternos

La unidad de esta santa familia es muy superior aún a la mejor unidad de la familia en terrenal debido a nuestra actual naturaleza caída. También hay una diferencia importante; en la Tierra, hay millones de pequeñas unidades familiares. Esto no es así en el Cielo. Hay un solo Dios y Padre de todos y una sola familia de Dios (Ef 4:6; 2:19-22). Jesús dijo que en el cielo no habría matrimonios, pero en su lugar, sus hijos serían como los ángeles en este sentido (Mt. 22:30; Lc 20:35-36). Al estudiar la Palabra de Dios que mira hacia el cielo, se observa que hay muchas referencias a los hermanos, pero no hermanos y hermanas. Esto se debe a que ya no hay una necesidad de reproducir. la familia eterna de Dios será completa. La función terrenal de la creación de los niños adicionales a través de pequeñas unidades familiares cesa. Todo el mundo - ya sea hombre o mujer en la tierra - que aprende a confiar y obedecer a Dios, será perfectamente refinado y reconciliada posicionalmente a Dios como uno de sus hijos (Mt 5:9; Lc 20:35-36; Jn 20:17; Rom 8:14, 19; Gál 3:26-28).

El Libre Albedrío

A pesar de que quiere tener una relación estrecha con todo el mundo, Dios no obliga a nadie a ser parte de su familia eterna. que trabaja continuamente con todo para traer la mayor cantidad posible a un lugar de entendimiento, un lugar donde los individuos comienzan a entender su pecado personal permanente y tienen el deseo de recurrir a él para una mejor calidad de vida (2 Pe 3:9). Cuando nuestro Padre Celestial envió a Jesús a vivir entre nosotros, nos proporcionó con un ejemplo de su amor en acción (Jn 15:13; Flp 2:1; Heb 1:3; 7:25). Después de la muerte de Jesús en la Cruz, también se convirtió en nuestro único acceso al Padre (Jn 10:9; 14:6; Ef 2:13-18). Si aprendemos a volver al amor de Dios, también aprenderemos a amarnos unos a otros (1 Jn 4:12, 19).

El libre albedrío juega un papel importante en el deseo de Dios para tener comunión con nosotros. Dios bendecirá tanto ahora como en el futuro todos los que escuchen a él (Dt 30:15-20; Mal 3:8-10; Rom 6:22-23). A pesar de que Dios desea y alienta encarecidamente a todas las personas a unirse a su santa familia eterna, Él no obliga a nadie a hacerlo. Sin embargo, tenga cuidado, para tan gran cantidad de libertad no da a nadie licencia para hacer lo que él o ella quiere sin eventualmente costarle todo lo que tenga valor (Mt 25:45-46; 1 Jn 3:14-18; Ap 21:7-8). Dios es soberano. Él tiene la última palabra.

Si no permitimos que Dios nos convierta en buenos seres sociales y quitar nuestro pecado, Él nos separa de sí mismo y sus hijos obedientes para siempre. Si no escuchamos a Dios y unirse a él en el esclarecimiento de su gran obra - la inicialización de la Creación. . . a la Cruz. . . a la Consumación de la Creación en el Cielo con su perfecta comunión - nunca nos converteríamos en parte de su familia eterna. En su lugar, vamos a terminar aislado de Dios y su familia en un lugar llamado infierno. La pena por transgredir Dios y al prójimo es la muerte, la separación eterna de Dios. Cualquier remanente de pecado en la vida de alguien llevaría lejos de la unidad perfecta en el Cielo. Dios no permite ninguna división en el cielo.

Las relaciones dar y tomar basadas en la igualdad social familiar requiere el libre albedrío dentro de la familia. Hasta que un individuo no permite que Dios le enseña la naturaleza del amor de Dios con el fin de ser un funcionamiento, bienestar social dentro de la familia de Dios (Jn 13:34; 15:9, 12), él o ella seguirá viviendo un estilo de vida centrado en sí mismo. Todo el que empieza a escuchar a Dios, comienza a crecer en el amor de Dios. Desde el momento en que alguien realmente se compromete a seguir a Jesús, él o ella se convierte en una nueva creatura reconciliados con Dios y el resto de su eterna sagrada familia muy unida para siempre, tanto legal como socialmente.

Adopción: Nuestra Condición Jurídica Como Hijos de Dios

> Él vino a los suyos, y los suyos no lo recibieron. Sin embargo, todos los que sí lo recibieron, les dio autoridad para ser hijos de Dios, a los que estaban creyendo y confiando en su nombre. Juan 1:11-12

El primer punto del apóstol Juan hizo en la Escritura es que la mayoría de la gente en general rechazaba y siguen rechazando la presencia de Jesucristo en sus vidas como Señor y Salvador. El segundo punto de Juan es que Jesús hace oficialmente a los que lo reciben como Señor y Salvador, los niños legales de Dios.

Pablo, un abogado experto de las leyes de Dios, que vivía en un mundo de hebreo, griego y cultura romana y el pensamiento, utiliza la terminología griega similares indicando que los seguidores de Cristo tienen los mismos derechos legales que el mismo Cristo. Este es un concepto importante. En el primer siglo mundo grecorromano, si tenía estatus legal como un hijo a través de la adopción, que tenía todos los derechos legales de un hijo biológico.

Experimentar la Alegría de Jesús a través de Discipulado Obediente

En su carta a los Romanos, Pablo afirmo que los seguidores de Cristo eran hijos de Dios y coherederos de Cristo, que con el tiempo serían glorificado con él. Estaban esperando la realización de su huiothesia, "la adopción como un hijo", la redención de su cuerpo, y su purificación del pecado (Rom 8:15-17, 23). En su carta a los Gálatas, Pablo declaró que los que son elegidos por Dios, son recibidos en su familia eterna a través de huiothesia, "adopción como hijo [Gál 4:4-6]." En Efesios, Pablo declaró que antes de la implementación física de la creación según la bondad de Dios, que predestinó cada uno de los que llamó a huiothesia, "adaptación como un hijo", por medio de Jesucristo (Ef 1:3-6; 2:4-7).

En su carta a los Romanos, Pablo afirmo que los seguidores de Cristo eran hijos de Dios y coherederos de Cristo, que con el tiempo serían glorificado con él. Estaban esperando la realización de su huiothesia, "la adopción como un hijo", la redención de su cuerpo, y su purificación del pecado (Rom 8:15-17, 23). En su carta a los Gálatas, Pablo declaró que los que son elegidos por Dios, son recibidos en su familia eterna a través de huiothesia, "adopción como hijo [Gál 4:4-6]." En Efesios, Pablo declaró que antes de la implementación física de la creación según la bondad de Dios, que predestinó cada uno de los que llamó a huiothesia, "adaptación como un hijo", por medio de Jesucristo (Ef 1:3-6; 2:4-7).

Aunque Pablo usó un lenguaje adopción, en muchas de sus cartas, cuando se habla de la relación de Jesús con sus seguidores en un pasaje clave en cuanto a la santificación, justificación y glorificación de los seguidores de Cristo (Rom 8:28-30), que usó un término griego común de su tiempo, adelphois, para expresar la idea de que los seguidores de Jesús eran también sus "hermanos". Durante la ascensión de Jesús del Hades (la resurrección), le dijo a María Magdalena para ir a sus "hermanos" y decirles que subía a su padre, que también era su padre, y su Dios, que también era su Dios (Jn 20:17).

Unidad: Nuestro Estado Relacional Como Hijos de Dios

Jesús oraba, "y la gloria (doxan) que ud. ha dado a mí, he dado a ellos con el fin de que sean uno (hen) tal y como somos uno: yo en ellos y tú en mí, a fin de que puedan ser perfeccionado entre un cuerpo con el resultado de que el mundo conozca que tú me has enviado y que los amas a ellos igual que me amas." Juan 17:22-23; cf. 14:19-21

Como se ha indicado anteriormente, parte de la oración de Jesús - antes de su arresto y crucifixión al día siguiente - nos da el sentido más claro de lo que nuestra relación con Dios será como sus hijos. Revela pensamientos de Dios con respecto a la cercanía de la creciente santa familia eterna y su gran amor por todos. Si esta idea le parece estraño a ud, hablale a Dios, y pidele a Él ayudarle entender esta oracion por Jesús y tambien la verdad del deseo de Dios tener una relación muy unida y santa con todos de Sus hijos amorosos y obedientes.

Esta parte de la oración de Jesús nos da el entendimiento más claro de lo que sera nuestra relación con Dios como sus hijos. Jesús dijo que los que le obedecen son sus dos hermanos y amigos (Mc 03:35; Jn 15:14). Jesús también enseñó a sus seguidores que si alguien no tenía ningún deseo de hacer la voluntad de Dios, ellos nunca realmente entenderían quién es Dios y lo que ha hecho a través de su hijo Jesucristo (Jn 7:17; 8:47). De hecho, es solamente aquellas personas que tienen el deseo de hacer la voluntad de Dios y le permiten moldear y dar forma a ellos de una manera piadosa que va a terminar en su sagrada familia (Mt 7:21). Seguir a Jesús es una experiencia de transformación radical.

Cuando Jesús oró para que todas las personas de todos los tiempos que creen (confian) en él pueden ser "uno", unidos con Dios y entre sí, que ilumina lo que significa ser salvo y tener vida eterna con Dios. Jesús ora por todos los que aprenden a confiar y obedecerle por amor a estar unidos en la misma manera especial a su Padre Celestial como Él está. Cuando estudiamos a la Palabra de Dios para una mejor comprensión de la espresión "unidad", se nos recuerda que Dios dijo: "Hagamos al Adán en nuestra imagen conforme a nuestra semejanza." El Padre, el Hijo y el Espíritu la unidad del espíritu está tan cerca que Israel considera su Dios, que fue writen en la forma plural, "nuestros dioses", como *aḥad*, "una" entidad, un solo Dios. Jesús estaba orando para que todos los que alguna vez aprenden a amar, confiar y obedecer a Dios tendrían la misma estrecha unidad que Él tenía con el Padre, que incluye ser amado por el Padre como él es amado por él (Jn 17:20-23).

Jesús Comparte Su Gloria

¿Cuál es esta unidad que Jesús desea para todos los que aprender a confiar y obedecer a él? Jesús comparte su gloria con todos los que aprenden a amar al Padre y él de modo que puedan ser unidas de la misma manera que el Padre, el Hijo, el Espíritu Santo, y unos a otros como él está unido al Padre. *Juan 17:22-23 abre la puerta a la comprensión de todas las otras escrituras y nos da una tremenda visión de nuestra identidad como hijos de Dios por medio de Jesucristo.*

A través de su oración, vemos a Jesús pidiendo que sus discípulos sean protegidos bajo el nombre del Padre, demostrando con ello que sus seguidores son *una parte íntima de la sagrada familia eterna de Dios* (Jn 17:11). Además de esta solicitud, Jesús declaró una verdad poderosa para animar a todos los que estaban confiando en Dios a través del tiempo mediante la iluminación de la verdad de su relación actual y futura con Dios y entre sí.

Como vemos en Juan 17:22, *vemos a Jesús compartiendo su gloria (doxan)* y por lo tanto lo que nos permite entrar en la casa de su padre *con la misma unidad que Él siempre ha tenido con su Padre.* Con el Espíritu Santo, que comparten una unidad íntima divina bajo una única estructura familiar (cf. Ef 2:19). Jesús ha provisto una manera para que sus fieles hermanos y hermanas en la tierra sean plenamente reconciliados como sus hermanos eternos.

La gloria que Jesús está compartiendo con sus seguidores se deriva de su relación con el Padre y su carácter resultante. Jesús es como su padre, que está lleno de gracia y de verdad. La gloria de Jesús tal como se describe por John 1:4 es similar a la gloria del

Padre que se describe en Éxodo 33:18-19 y 34:6. La naturaleza de Jesús es idéntica a la naturaleza de su padre, que está lleno de gracia y de verdad (Jn 17:5; cf. Jn 14:9; He 1:3). Es la filiación de Jesús y su carácter amoroso que abarca su gloria y atrae a las personas a él mucho más que su belleza o poder. Su carácter bondadoso atrae a algunos a él como espectros multicolores que irradian de un diamante en la luz del sol pueden atraer a algunos.

Dios no creó a nadie ni a nada por su gloria. La gloria de Dios se basa en su naturaleza gloriosa y eterna se demuestra a través de su creación. Su carácter total, que incluye sus atributos de fuerza, la justicia, la misericordia y el amor, contribuye a su gloria. Debido a su naturaleza, Dios es glorioso! En Isaías 43:7, el profeta Isaías dijo que la forma en que Dios trabaja con aquellos que son llamados por su nombre y quien ha trabajado continuamente, manifiesta su gloria. Isaías llegó a decir que aquellos que son llamados por su nombre son sus testigos ante el mundo entero que dicen los demás acerca de la fidelidad de YHWH (Jehová), lo cual contribuye a su gloria (Is 43:10).

La naturaleza misma de la gloria de Jesús es fácil perderse si pensamos sólo en términos de poder. Una importante pista sobre el significado específico de lo que Jesús oró a su Padre puede deducirse del hecho de que él está compartiendo su gloria con todos los que le siguen, de todas las edades, con el resultado de que su calidad permite a la unidad perfecta. Los dones del Espíritu, como la energía, la sabiduría, el conocimiento, los milagros, la curación, proclamas, la profecía y lenguas no pudiese por sí solos ayudarnos a formar una unión perfecta y no se comparten por igual con todos los seguidores de Cristo (Heb 1:8; 1 Cor 12-13).

La gloria que Jesús comparte con todos sus discípulos les permite vivir en perfecta santa unidad con Dios y entre sí, así como Jesús ya vive en perfecta unidad con su Padre Celestial. Por lo tanto, cuando Jesús dijo: "He les ha dado la gloria que me has dado, para que sean uno como nosotros somos uno [Jn 17:22]," nos damos cuenta de que él renunció a su posición exclusiva como el único hijo de padre. Jesús está compartiendo su filiación y la naturaleza gracia de su Padre y la verdad con sus seguidores. Reconocemos que la esencia misma de la gloria de Jesús, que comparte con todos los creyentes (Rom 8:17; 1 Pe 5:10), se deriva de la naturaleza de su Padre.[2]

Experimentar la Alegría de Jesús a través de Discipulado Obediente

Ya que consideramos que el hecho de que Jesús está compartiendo su carácter y posición como el único hijo del creador con todos los que confían y obedecen a Dios, imaginar lo que habría sonado a la gente del primer siglo, ya que consideraron cómo mucho más importante que lo haría la de ser el hijo del Altísimo en comparación incluso a ser el único hijo de su líder más grande, el emperador romano.

Si usted vivía en el mundo mediterráneo del siglo I y el emperador tenía un solo hijo, lo habría tenido un gran respeto sabiendo sus dos posiciones políticas actuales y futuras. Se trajo una gran alegría a todos los que estaban escuchando en el primer siglo cuando se enteraron de que Jesucristo, el único hijo del Altísimo, había renunciado a su derecho exclusivo de la filiación y la compartió junto con su gracia y de verdad con todos los que estaban siguiendole. Al compartir su filiación con todos los que confiaba en Dios, Jesús había hecho un camino para todos los hijos obedientes de Dios para tener una perfecta unidad con Dios y entre sí. ¡Lo que es una parte maravillosa del mensaje evangelico!

El Significado de "Una"

En el mundo hebreo del Antiguo Testamento y en el día de Jesús, *aḥad*, "uno" podría significar una sola entidad, o un grupo de dos o más operativo como una entidad única. Después de que Dios creó a Adán y Eva como hombre y mujer, lo vemos diciendo que van a trabajar juntos en estrecha unidad divina que llamamos "matrimonio" se expresa a través del lenguaje hebreo como *lebasar aḥad*, "como una sola carne" (Gn 2:24) . Tanto en la Septuaginta griega y el griego del Nuevo Testamento (e.j. Mt 19:5), el hebreo se traduce como *sarka mian*,"una sola carne." La Septuaginta es un tercero a cuarto siglo A.C. traducción de la Biblia hebrea al griego.

Dios está diciendo que cuando un hombre y una mujer se comprometen entre sí en una unión divina, que se comprometen a trabajar juntos como un equipo piadosa estrecha frente trabajando juntos como dos seres independientes. Trabajan juntos como "una sola carne / una sola entidad" con una verdadera preocupación y

La Eterna Santa Familia Muy Unida de Dios 27

amor el uno al otro en general. En otras ocasiones, Dios muestra que cuando Israel fue atacado por otros, salieron como "un solo hombre" (*îsh aḥad*) para superar la adversidad y maldad (Jc 20:1, 8, 11; 1 Sm 11:7). Esto se traduce en la Septuaginta griega como *anēr heis*, "un solo hombre". Los hombres salieron como un equipo piadosa, muy unida, trabajando juntos para superar sus enemigos comunes. Ten en cuenta también *aḥad 'am*, "una gente", (Gn 34:16). La Septuaginta muestra que la palabra hebrea *aḥad*, "uno", fue traducido usando constantemente las diversas formas de la palabra griega *heis, mia, hen*, "uno".

Puesto que el apóstol Juan escribió a los gentiles en el griego común de su época, que nos ayuda a comprender la oración de Jesús por la unidad divina entre sus seguidores. Tomamos nota de que Juan usó la misma formulación de la Septuaginta que corresponde a la idea Hebrea de *aḥad*, "uno/unidad." Esto nos ayuda a comprender que Jesús oró por nosotros para compartir en la misma unidad divina que siempre tuvo con su Padre Celestial y compartiríamos de nuevo con él después de su Padre lo resucitó de entre los muertos (Hch 2:22-36).

Como John comparte la oración de Jesús con los demás, los que escuchaban lo entendería que la muerte de Jesús en una cruz y el reparto de su gloria se traduciría en una unidad según Dios por sus seguidores que hacían juego con la unidad que Jesús comparte con el Padre Celestial. A través de la oración de Jesús registrada en Juan 17, tenemos una comprensión clara de lo cerca que estaremos con Dios y unos con otros en el Nuevo Cielo. A través de esta misma oración, hijos obedientes de Dios también deben entender que deben experimentar algunos de esta unidad divina en este lado del etenrity, esto proporcionará un gran testigo y ayudará al mundo perdido a entender que Dios envió a Jesús a morir por todos y ama sus hijos obedientes de la misma manera que él ama a Jesús (Juan 17:21, 23).

El Padre No Tiene Favoritos

No hay ni Judio ni griego;
no hay ni esclavo ni libre;
y no hay macho *y* hembra;

Experimentar la Alegría de Jesús
a través de Discipulado Obediente

porque *cada uno de ustedes
son uno solo en Cristo Jesús.* Gál 3:28

La relación que existe entre el Padre y todo verdadero seguidor de Cristo es el de un Padre amante y un obediente, hijo único. Normalmente, un hijo único está en buena situación de su favor y la herencia completa de su padre. En cuanto a ser amado como un niño, nuestro Padre Celestial trata a todos sus hijos obedientes por igual como si cada uno fuera su único hijo; Dios no tiene favoritos (St 2:1-5). Dios ha creado a cada individuo único y diferente emocional y físico que incluye atributos tales como los ojos, el cabello y color de la piel. Él ha creado todo el mundo diferente, sin embargo, él quiere que todos a trabajan juntos en una gran unidad. El amor no sesgada de Dios nos anima a amar a todas las personas por igual (Rom 2:11-12; 1 Pe 1:17).

En el momento en que recibimos plenamente a Jesucristo en nuestras vidas como nuestro Salvador y Señor - lo que significa convertir nuestras vidas por completo al alfarero para que pueda terminar el buen trabajo que comenzó en nosotros - nos damos cuenta de nuestro Padre-hijo único relación. Una vez que hemos nacido de lo alto, es un hecho (Jn 5:24). Incluso en el estado actual de pecado, nos convertimos en hijos de nuestro Padre justificadas quien están aprendiendo a ser más y más como Chirst, quien con el tiempo sera completado en la imagen de Cristo (Rom 8:28-30; Flp 3:20-21) . Dios nos dice que cuando hemos nacido del Espíritu, que coloca parte de sí mismo en nosotros, su simiente, que es el Espíritu Santo (Ef 1:13-14). Cuando nos sometemos a Dios y su camino, él nos engendra espiritualmente a su familia y ya no podemos continuamente. . . continuamente. . . continuamente comportarnos pecaminosamente (1 Jn 3:9).

Tan pronto como el Espíritu Santo une con nosotros, nos convertimos en parte de la familia íntima y santa eterno de Dios. Nuestra cada vez mayor avance dentro del plan eterno de Dios permite que el mundo vea a Dios obrando en nosotros. Donde está Jesús, el Padre es (Jn 8:28-29). La unidad entre el Padre y el Hijo es tan estrecha que si sabe uno de ellos, los dos han conocido (Jn 14:7-11). Donde los seguidores de Cristo son, Jesús y el Padre son (Jn 14:23; Mt 24:40; Hch 9:4). Jesús nos presenta a un tercer individuo que se une perfectamente al Padre, y él - el Espíritu de la Verdad. Si ha visto a Jesús, que ha visto al Padre. Si el Espíritu de la Verdad (el Espíritu Santo) vive en usted, el Padre y Jesús viven en usted (Jn 14:16-26).

El mundo continúa escuchando el Evangelio del Padre y el Hijo a través de los obedientes seguidores de Jesús que son asistidos por el Espíritu de la Verdad, que mora en ellos (Jn 13:20; 17:18). El Padre y el Hijo que trabajan juntos en perfecta unidad han enviado el Espíritu de la Verdad, el Espíritu Santo, a la comodidad y guiar a todos los seguidores de Cristo de manera similar a la forma en que el Padre envió al Espíritu Santo para ayudar a Jesús durante su ministerio en la tierra (Mt 3:16-17). Cuando Jesús pidió al Padre que dar a sus discípulos un consolador para reemplazar a su presencia física (Jn 14:16-17; 16:13), Él estaba haciendo esto relación especial Padre-sólo-Hijo inmediatamente posible que todos sus discípulos al través de la morada y poder del Espíritu Santo (Hch 1:8).

La Comprensión de la Iglesia Primitiva

¿Cómo surgió la iglesia primitiva recibir Emmanuel, "Dios con nosotros" y la cercanía que Dios desea? Satanás ha estado trabajando desde el principio de la Creación mantener el mayor número posible de personas de acercarse a Dios. Por lo tanto, funciona incluso con más fuerza contra los que empiezan a prestar atención a la invitación de Dios en una estrecha eterna, santa relación con Él. En sus estudios, Constantino Scouteris descubrió que los Padres de la Iglesia primitiva tenía una buena comprensión de lo cerca que Dios nos desea estar con él a través de las enseñanzas de los apóstoles de Cristo.[3]

En cuanto a la oración de Jesús por la unidad entre todos los creyentes, Scouteris declaró que el Nuevo Testamento presenta a los seguidores de Cristo, la posibilidad de darse cuenta de que la comunión con Cristo elimina de la forma más radical de toda la comunión terrenal. La comunión de Cristo es la creación de una nueva relación, una relación que involucra a Dios y los discípulos de Cristo. Él continuó diciendo que Juan 17 tiene dos temas principales:

(1) la unidad divina deseada con Cristo para sus seguidores no sólo por sus discípulos inmediatos, sino también para todos los futuros discípulos que aprenderán a confiar en Cristo por medio de la predicación apostólica; y
(2) todos los discípulos participan en la gloria divina de Cristo.

Scouteris escribió que estos dos puntos se convirtieron en una base sólida para la comprensión de Dios y su unidad deseada.[4]

De la carta de Ignacio a los de Filadelfia alrededor de 107 DC, Scouteris afirmó que un cambio radical había ocurrido para los hijos de Dios después de la ascensión de Cristo: su foco se había movido de una relación sujeto-objeto a una de participación con Dios.[5] Dios había hecho un camino a través de la muerte expiatoria de Cristo para que tengamos una relación más estrecha con él. Cuando uno mira a la obra de Orígenes (185-254 DC) titulado De Principiis, se observa Orígenes enseña tanto una perfección futura en una semejanza divina y la unidad que Jesús oró por (3.6.1) y una unidad práctica actual que se expresa en los seguidores de Cristo siendo similarmente unidos en pensamentos piadosos (1.6.2).

A la luz de nuestros primeros Padres griegos, Scouteris ve a Dios el Padre como una persona divina accesible que genera el Hijo y hace que el Espíritu Santo van estableciendo sucesivamente una unidad única dentro el reino del Padre. El Padre ha dado de su esencia divina al Espíritu Santo y el Hijo y ellos a la vez responden de la libertad y el amor con la obediencia absoluta a la voluntad del Padre.[6] Se llegó a decir que los Padres de la Iglesia Primitiva ahora podrían promover la unidad del pueblo de Dios a través de la fuerza unificadora de Cristo. En la persona de Cristo, todas las distinciones y divisiones fueron y son abolidos.[7]

Scouteris pasó a discutir las enseñanzas de Gregorio de Nisa (DC 330-95) con respecto a la naturaleza dividida de cada individuo debido al pecado derivado de egocentrismo. Esta naturaleza dividida debido al pecado privó a la humanidad de cualquier posibilidad de vivir en comunión con Dios santo ni los demas. Sin embargo, el sacrificio de Cristo tiene el potencial de restablecer la armonía original deseado de Dios con lo que los que escuchan de nuevo en una perfecta unidad con él y con los demás.[8] Al convertirse en una verdadera persona con una naturaleza humana concreta, Cristo, que era de la misma naturaleza que nuestro Padre Celestial, asumió la naturaleza de la humanidad y se transfiere la unidad divina al nivel humano que permite la unidad que Jesús oró por todos sus seguidores.[9]

C. H. Dodd haber estudiado la terminología de estar "en el Padre" y estar "en Cristo" desde una perspectiva mediterránea del siglo I, llegó a la conclusión de que las personas que vivían en el primer siglo habrían entendido este tipo de redacción para denotar una unidad que trasciende la unidad humana, una estrecha unidad divina.[10] Dijo que la oración de Jesús muestra una imagen completa de la unidad para el Padre, Hijo, y los seguidores del Hijo con el amor es la clave. Es el amor que lleva a los discípulos de Jesús a obedecer sus ordenes del mismo modo que Él obedece las órdenes de su Padre Celestial por amor a él.[11] La idea de "Dios en nosotros" representa el concebible unión más íntima entre Dios y los hombres.[12]

La Gracia de Dios es Difícil de Creer

El Evangelio es un mensaje que trae una buena noticia que muchos tienen miedo de que no puede ser verdad. Sin embargo, es cierto, y nunca es tarde para recibir a Jesucristo como su Señor y Salvador personal. Cuando hacemos un reconocimiento sincero consciente de arrepentimiento de nuestros pecados y recibir a Jesucristo como Salvador y Señor, somos reconciliados inmediatamente a Dios como sus hijos con la misma herencia de Jesucristo. Dios recibe todos los que siguen a Jesús como sus eternos niños con todos los derechos de un único niño, un hijo. Los que siguen a Jesús no se reconcilian como sirvientes los Altísimos (Gál 4:7). De hecho, Jesús no sólo llama a sus seguidores "hermanos", sino también "amigos" (Jn 15:12-15).

¿Está usted sintiendo un poco nervioso porque Dios está llamando a todos los que escuchen a su sagrada familia unida? Ser parte de la familia eterna íntima de Dios, santo coloca uno en una relación mutuamente estrecha con el Padre. Sonaba como una herejía a los líderes religiosos en el primer siglo cuando Jesús les dijo que él era el hijo de Dios, ya que por proclamar ser el hijo de su Padre Celestial, estaba proclamando ser un miembro de la familia directa de Dios y se había hecho a sí mismo igualen membrecía de la familia al Padre (Jn 5:18).

Los líderes religiosos consideraban a nuestro Padre Celestial un padre sólo en nombre (Jn 8:41). Sabían que Jesús estaba diciendo que Dios era su Padre Celestial literal. Más tarde, los mismos líderes religiosos siguiendo la dirección de Satanás dijo que César era su único rey (Jn 19:15). Jesús, literalmente, es el hijo de Dios y que lo hace ser igual en estatura relacional aunque no en la autoridad de Dios el Padre. Los que siguen a Jesús también se convierten en hijos literales de Dios y por lo tanto se vuelven igual al Padre en estatura relacional como miembros de la familia bajo su autoridad (Jn 10:34-36; 20:17). Como se indicó anteriormente, habrá un día en que nos encontraremos con nuestro Creador cara a cara y comenzar una relación madura completa con él y todos los demás individuos que siguen a Jesucristo.

¿Le parece que el más profundo cavamos, más nos hemos quitado de la gloria de Dios por nuestra madura e íntimo y cadavez más intimo relación con él? No, el más profundo miramos, más nos damos cuenta de lo que lleno de gracia es nuestro Padre Celestial en hacernos miembros de la familia de igualdad con Jesús y él mismo. Sabiendo que estamos lejos de ser perfecta hace que sea muy difícil aceptar esta relación de amor puro con él. La relación mutua santa planificado y perfecta de Dios no deja nada para separarnos de él en el futuro, cuando todo pecado sea lavada de nuestra vida individual paremos delante de Él vestido en la justicia de Cristo.

La mayoría de nosotros estamos intimidados fácilmente y tendríamos dificultades para comunicarnos, incluso con alguna figura nacional y mucho menos con el Altísimo. Sin embargo, es verdad, Dios está llamando a todos los que escuchan a él a tener una relación pura y madura con él y entre sí a causa de nuestra actual estrecha relación continua con Jesucristo, nuestro hermano mayor (Rom 5:1-5; 1 Jn 2:28).

Jesús dijo que él quiere que sus seguidores a sean "uno" con el Padre y él así como él es "uno" con el Padre. Cuando comenzamos a entender que el propósito principal de la creación a través de la Cruz es crear una sagrada familia eterna unida por el Padre, el Hijo y el Espíritu Santo, y unos a otros, debemos recibir a Dios en nuestras vidas y someterse a su señorío. Nosotros, junto con nuestros otros miembros de la familia amaremos alabaremos y obedeceremos eternamente al Padre y al Hijo.

En la Tierra Nueva y en el Cielo Nuevo, los seguidores de Cristo ya habrán pasado por el proceso de refinación de Dios para ser completado con la gracia y la verdad de Dios incrustado dentro de ellos. Ellos nunca se rebelará contra Dios como Satanás y un tercio de los ángeles hicieron. Los seguidores de Cristo están siendo madurado para tener gran gracia y la verdad como Cristo, además de compartir su herencia y excelente nombre (Hb 1:1-4; Rom 8:17).

Dios va a terminar el buen trabajo que ha comenzado entre los que aprenden a amar, confiar y obedecerle. Jesús tiene un historial probado. Basta con mirar a su obediente en curso, relación madura con nuestro Padre Celestial. Fijando en a las acciones y las palabras de Jesús da a sus seguidores una gran confianza de que también pueden vivir sin nada que los separa de una, siempre santo, y atenta relación con Dios y con los demás.

Sabiendo que Jesús comparte con gusto su posición como el "único hijo" de Dios con todos los que se someten a él como señor y salvador debe motivar a todos a seguir con alegría a Jesús por amor sincero. Como parte de la familia de Dios, los seguidores de Jesús con alegría se unen a Dios en la creación de su eterna santa familia muy unida.

4

Experimentar Bien y el Mal, Exige una Decisión

Aunque si usted no cree en Dios, es muy probable que haya percibido una batalla en curso del mal tratando de prevalecer sobre el bien. La mayoría se han dado cuenta de que hay una forma de vida que es beneficioso y muchas otras formas de vida que en última instancia, hagan daño a nosotros mismos y hacer daño a los demás. La forma en que vivimos con los demás hace una diferencia real en el aquí-y-ahora y en el futuro. En realidad, Dios ha creado el universo con los estándares absolutos reales para toda la vida. Cuando seguimos sus reglas, hacemos el bien para nosotros y para los demás; cuando no lo hacemos, hacemos daño a nosotros mismos ya los demás, lo cual es malo - maligno. Debido a que Dios se comunica a todo el mundo, en algún nivel, cada persona es realmente consciente de las normas de Dios (Rom 1:18-32; 2:14-15).

No sólo son más conscientes de la diferencia entre el mal y el bien, cada persona participa en hacer ambos. Nadie es inocente. Todo el mundo ha fallado en vivir una vida perfectamente justo de acuerdo con las normas de Dios - a excepción de Jesucristo (Rom 3:23; Is 53:4-9; 2 Cor 5:21; 1 Ped 2:21-24). El mal está rocognized por la mayoría de las sociedades de todo el mundo, y debido a los daños causados por las malas acciones, se pasa más tiempo en el mantenemos tanto a las últimas maldades que en el bien que se está haciendo. Sea hablando una palabra desagradable, o no ayudar a los que Dios pone en nuestro camino, directamente desobedeciendo las instrucciones de Dios para nuestras vidas personales, la mentira, el engaño, el robo, el asesinato, esclavizando, abusar sexualmente, o haciendo alguna otra forma de mal, todos lo hacemos y vemos algún mal en nuestras propias vidas.

Experimentar la Alegría de Jesús a través de Discipulado Obediente

Mal vs Buena

En lo personal, todos hemos experimentado algunas veces en nuestras vidas cuando hemos hecho algo que ha perjudicado a alguien y tampoco hemos sentido remordimiento inmediata o eventual. Incluso si alguien no ha estado caminando en la conciencia espiritual de la presencia de Dios y su continua enseñanza, la mayoría reconoce el hecho de que todos luchamos con los deseos egocéntricos. Si escuchamos la dirección de Dios o no, Él habla con todo el mundo y se traslada a todos los que lo escuchen a un lugar de conciencia que ayuda a tomar las mejores decisiones más fácil (Jn 8:31b-32; 16:8-11).

Todos tenemos que escuchar a Dios con más cuidado, porque él nos ayudará a mirar más allá de nuestros deseos egocéntricos y bloquear el ruido y engaños (2 Cor 4:3-4) de Satanás. Los engaños de Satanás y su ruido se generan por muchas fuentes que incluyen: entretenimiento, aparatos tecnológicos, e incluso a veces los así llamados amigos. Si no escuchamos a Dios, somos controlados de alguna manera por Satanás, el Maligno (1 Jn 5:19). Dios desea desarrollar nuestras conciencias individuales y enseñar a cada uno de nosotros nuestras buenas obras asignadas (Flp 2:13; Ef 2:10; 1 Cor 12:18). Si ignoramos o no se oye la voz de Dios debido a nuestra vida ocupada, distracciones, o la desobediencia general hacia Dios, es fácil perder la oportunidad de lo que realmente está pasando y que puede perder las bendiciones que vienen de vivir nuestras vidas dentro de la voluntad de Dios.

Aunque con muchas personas están en un estado de hostilidad hacia Dios y hacia sus seguidores (Rom 5:10; Jn 17:14-15), Dios permanece trabajando en la vida de todo el mundo para que el mayor número posible a un lugar de volverse del egocéntrico maneras y siguen su camino recto de la vida (Lv 19:1-2; 2 Pe 3:9). Este es el arrepentimiento llamada en la Biblia. Dios quiere que todos lleguen a un lugar en su vida que le permite enseñar acerca de su verdadera preocupación y amor para todos, que a su vez estimula a muchos a venir a él para la salvación (1 Jn 4:16; cf. Gál 3:26-29).

Experimentar Bien y el Mal, Exige una Decisión

A pesar de que muchos escuchan a Dios lo suficiente para saber la diferencia entre el bien y el mal, hay muchos que no han oído lo suficiente para saber que nuestro mundo está atrapado en medio de dos poderosos reinos en guerra: el Reino de Dios y el Reino del Infierno actualmente gobernado por Satanás. Sin embargo, Dios y su reino son más potentes y, finalmente, se pondrá a Satanás y sus seguidores en un lugar aislado para siempre llamado el Infierno o el Lago de Fuego - Gehenna. Pero, hasta que eso ocurra, Dios ha estado utilizando Satanás para forzar a todos a evaluar el bien y el mal a su alrededor y decidir sobre qué estilo de vida que desean para la eternidad. Debido a que todos nosotros vivimos nuestras vidas haciendo y experimentando tanto el bien como el mal, cada uno tiene que decidir si quieren una relación estrecha con Dios y los que están escuchando a él, o prefieren rechazar el señorío y la forma de vida de Dios, sabiendo que esta alternativa da cierta libertad de su liderazgo, pero que conduce a una espiral descendente hacia el final, la vergüenza y el sufrimiento eterno.

Satanás tiene el proposito a engañar a tantas personas como sea posible a fin de evitar que la escucha a de Dios, para que nunca conocerá a Dios ni su Palabra. Dios, por otro lado, quiere que todo el mundo entienda la realidad y considerar cuidadosamente su futuro. Cuando los individuos comienzan a escuchar a Dios a causa de su gran amor e interés por todo, Dios comienza a moldear y dar forma a ellos en su propia imagen. Por otro lado, para aquellos que no escuchan, Dios permite que Satanás seguir engañando haciéndoles creer que van a tener una vida de paz eterna en sus propios términos. Cualquier cosa que uno decide en última instancia, determina el destino eterno de esa persona. No importa lo que usted cree, usted debe tomar en cuenta que nuestro mundo es realmente en el medio de una guerra espiritual importante con consecuencias eternas y que Dios finalmente separará a los que quieren estar con él y seguir su forma de vida de aquellos que no lo hacen . Dios rescate (malat) a todos aquellos que le escuchan (Dan 12:2; cf. Mt 25:45-46; Rom 2:11-13; Gál 6:7; Ap 20:12).

Si usted podría mirar hacia adelante en el tiempo y echar un vistazo a los dos reinos futuros en sus estados finales y ver a Dios y su perfeccionado familia que vive en amor, paz y alegría y Satanás y sus seguidores desobedientes hiriendo continuamente entre sí, que ud estaría dispuesto hacer por sí mismo y por los demás con el fin de vivir con Dios para siempre (Rom 1:16-17). *Si realmente quiere conocer mejor a Dios con el fin de seguirlo, Dios le ayudará a vivir una vida más plena en el aquí y el ahora, donde disfrutará de su amor, la paz, y la alegría como parte de su creciente relación con él y la Iglesia* (Rom 6:22–23).

La Guerra Espiritual en General

A partir de ahora, ser fortalecido continuamente en el Señor en el poder de su fuerza. Poner en toda la armadura de Dios con el fin de permitir a sí mismos estar firme delante de la maquinación del diablo, porque nuestra lucha no es contra sangre y carne, sino contra los líderes, las autoridades, los poderes cósmicos de esta oscuridad, los espiritus del mal en las regiones celestes.
Ef 6:10-12; cf. Ap 12:7; 20:7-10

Tengamos en nuestra mente que la creación es la obra de Dios! Como él amplía su íntima sagrada familia muy unida, Satanás mantiene continuamente luchando fuertemente contra Dios y su creciente familia. Llegó un momento en su lucha contra Dios que Satanás animó a los líderes religiosos de Israel para crucificar a Jesús, pero para sorpresa del diablo, en lugar de deshacerse del Hijo único del Padre, perdió, sin saberlo, la batalla para separar eternamente todos los hijos de Dios de su creador.

Dios nos enseña a través de Juan 3:14-16 que era necesaria la muerte de Jesús en la representación de la humanidad con el fin de quitar el pecado para todos los que estaban confiando en Dios para pedir ayuda en su condición actual y la redención de su alma del Seol (Hades). A consideramos toda la creación, Dios nos enseña en Hebreos 10:4-10 que la muerte de Jesús quitó el pecado no sólo para aquellos que estaban confiando en Dios en los días de Jesús, sino para todos los que aprendió a confiar en Dios desde el principio de la Creación hasta el final del reinado de mil años de Cristo (Ap 20:1-10).

Experimentar Bien y el Mal, Exige una Decisión

Desde el momento de la muerte de Jesús en la Cruz y la realización de Satanás que había perdido la batalla por las almas de toda la humanidad, se ha estado haciendo todo lo posible para reducir al mínimo la victoria de Dios (1 Cor 15:55-57). Satanás ha estado haciendo todo lo posible para distraer, aplacar, intimidar y engañar a tantas personas como sea posible para que no se toman el tiempo para averiguar como será la eternidad será como sin la presencia de Dios (Ap 12:9, 12). A través de los siglos, como Dios ha sido la construcción de su familia eterna y llenando su Reino eterno con individuos santos, Satanás ha dado cuenta de que su tiempo se está volviendo en corto. Debido a csto, Satanás ha estado escalando sus ataques en los últimos cientos de años. Satanás está tratando de silenciar a los hijos obedientes de Dios en la tierra, para poder continuar engañando a los que no están siguiendo a Dios (1 Jn 3:7-13; cf. 5:18–19; Ap 3:16).

Esto Es Personal

Si usted es un seguidor comprometido de Cristo, ¿se ha preguntado por qué algunas de las cosas buenas que desea hacer parece tan difícil de iniciar y llevar a cabo aunque en el fondo ustedes sabe que debería ser más fácil? ¿Le parece que, durante los momentos en los que desea hacer algún bien, algo especial que Dios ha puesto en su corazón, pareces estar nadando en melaza en lugar de agua? Si este es el caso, usted ha experimentado la guerra espiritualde a primera mano.Es posible que haya llegado a darse cuenta de que muchos de su propiodudas y vacilaciones, junto con las circunstancias que le rodean. No eran sólo una parte del orden natural de la vida cotidiana. En muchos casos, que fueron causados por la guerra espiritual pasando en su vida (Ef 6:12).

Satanás y sus seguidores están constantemente viajando entre todos los seguidores de Cristo a buscar formas de obstaculizar o detener por completolo que Dios ha puesto en sus corazones (Ef 2:10). Mientras lo hijos de Dios oran y buscan la voluntad de Dios para sus vidas individuales y colectivas, que necesitan estar al tanto-como-Daniel fue que esta batalla en curso es en última instancia, de Dios. A pesar de que ningún ser humano puede ver el reino espiritual, Dios ha incorporado Sus ángeles buenos en esta batalla por la almas del hombre para trabajar con sus hijos obedientes en la tierra. Sus ángeles buenos están ayudando a los seguidores de Cristo continuamente minuto a minute día a día (Heb 1:13-14). Los que siguen a Cristo son utilizados por Dias para ayudar a despertar y rescatar a aquellos que no están escuchando a Él Mientras duran las batallas espirituales entre los reinos del Bien y El mal hasta el final de esta Era Mesiánica.

Esto Está en Curso

Durante los reinados de Darío, rey de los caldeos, y Cyrus, Rey de Persia, Dios le dio a Daniel visiones mostrándole futuro eventos (Dan 9-10). Vemos en la visión de Daniel durante el tercer año de Ciro, que no había guerra espiritual en curso al igual que hoy. Uno de los ángeles de Satanás, que se encontraba en una posición de liderazgo sobre Persia, había demorado uno de los ángeles de Dios en lucha durante 21 días hasta que el arcángel Miguel vino en su ayuda. la intervención de Miguel permitió el ángel asignado de Dios llegar a Daniel y le dió una vision en relación con los planes de Dios en todo lo que estaba transcurriendo (Dan 10:12-14). Este mensajero de Dios declaró que se iba de nuevo a continuar su lucha contra el mismo líder demoníaco en Persia así como participar en la batalla contra uno de los ángeles de Satanás que estaba al frente de la guerra en Grecia, tan pronto como él había dado a Daniel una visión de Dios (Dan 10:20). Satanás constantemente hace la guerra con los que siguen fielmente a Dios.

Aproximadamente quinientos años más tarde, nos enteramos de que la mismo tipo de guerra espiritual continuaba. Pablo declare que Satanás le había demorado cuando se quería visitar y alentar a los Tesalonicenses a quien había conducido a Cristo (1 Tes 2:18). Satanás está librando una guerra constant contra los fieles hijos de Dios causando la mayor cantidad de tropiezo y sufrimiento como sea posible (1 Tes 2:14-16; 3:4; 2 Tes 1:4-5; cf. Lc 16:13), pero si nos escuchamos a Dios, Él usará

Experimentar Bien y el Mal, Exige una Decisión   41

nuestras pruebas y tribulaciones para construir nuestracarácter (Rom 5:3-5).

El relato de Daniel y la advertencia de Pablo acerca de los malos ángeles que están ayudando a Satanás debe ser una llamada de atención para todos nosotros. Esta No es un juego con consecuencias simples. Esta guerra en curso entre el bien y el mal tiene consecuencias eternas para todos. En la cuenta de Daniel, Dios podría haber ayudado a sus ángeles vencer a Satanás más rápido o incluso inmediatamente, sino que trabaja de tal manera que sus ángeles maduran y se vuelven más hábiles a través de la experiencia así es como Él trabaja con los seguidores de Cristo (2 Tes 3:1; Heb 1:14; 5:14). Los seguidores de Cristo están obligados a hacer algunas cosas parcialmente en su fuerza con el fin de Dios puede desarrollar su carácter (Rom 5:3-5; Heb 12:1-3; cf. 2:10).

Jesús no le pidió a nuestro Padre Celestial para eliminar ninguno de su seguidores del mal del mundo, pero él pide al Padre que proteger a sus seguidores del Maligno en su nombre. Los seguidores de Cristo son parte de su familia y por lo tanto estarán protegidos Dios como parte de esa familia (Jn 17:11, 15-17). Cuando Los seguidores de Cristo están a la altura de cualquier batalla o circunstancia dada, Dios, que habita en sus hijos obedientes de confianza, les ayuda vencer aunque viven o mueren fisicamento (1 Jn 2:25-27; 4:4).

Engaños Espiritual de la Guerra y de Satanás

> Y no es maravilla; porque el mismo Satanás se transfigura en ángel de luz. Así que no es mucho, si tambien sus ministros se transfiguran como ministros de justicia; cuyo fin será conforme á sus obras. 2 Cor 11:14-15

Hay un hilo común a todas las artimañas de Satanás y ataques contra la humanidad. Satanás quiere hacerse cargo de la primera posición de Dios de la autoridad. Se ha vuelto una tercera parte de los ángeles en el cielo contra Dios (Ap 12:4) y ahora desea evitar el mayor número posible de la tierra en conocer a

Dios. La verdad del asunto es que quien no escuchar a Dios, está en realidad la luchando contra Dios, conscientemente o no (Jn 8:42-47; Ef 2:1-3; 1 Jn 5:19). Jesús dijo: "Por sus trabajos terminados los conoceréis [Mt 7:16]."

Si Satanás puede mantener a las personas que se concentran en sí mismos y sus familias, en realidad, les ha impedido conocer a Dios y Su amor por todos. Si la gente comienza a escuchar a Dios, algunas personas van a interactuar con él, obediente y Dios va a desarrollar en su interior una amante confianza para él debido a su amor y fidelidad. Aquellos que elige escuchar a Dios y le obedecen, finalmente, se llega a una tiempo de arrepentimiento y el nacimiento espiritual en la familia santa eterno de Dios.

El Camino Ancho que Lleva a la Destrucción

En su batalla por el control último sobre todo, Satanás ha estado constantemente tratando de preocupar a la humanidad consigo misma, sustar a la humanidad en sumisión, y / o Satanás trata de separar a la humanidad de Dios a través de la introducción de muchos dioses falsos y las estructuras religiosas. Algunas de estas falsificaciones asustar a la gente a la sumisión y otros que las personas puedan seguir viviendo centrada en sí misma y por sus familias.

Nuestro mundo está lleno de falsificaciones de Satanás para Dios. Primer toma una mirada a la forma en que el mundo se refiere a Dios. Debido a que Satanás no ha sido capaz de eliminar el conocimiento de nuestro Creador de la humanidad, se ha creado una miríada de instituciones religiosas para confundir a muchos. En realidad, estos falsos dioses y religiones satisfacen muchos a través del engaño y ayuda a mantenerlos lejos del único Dios verdadero y conectado al mismo. La última cosa que Satanás quiere es que la gente conocr la realidad (2 Cor 4:3-4; cf. Jn 8:44). Además de la riqueza, aspiraciones personales, entretenimiento, e incluso la pereza, Satanás usa los individuos y las religiones inventadas, como el hinduismo, Siddhartha Gautama (budismo), Mohammed (musulmanes), Joseph Smith (mormones), Charles Russell (Testigos de Jehová), y otros a distorsionar la realidad con

Experimentar Bien y el Mal, Exige una Decisión   43

el fin de hacer más difícil para que la gente sepa su verdadero creador. Incluso con *toda* la astucia engaño de Satanás, no puede disfrazar sus enseñanzas falsas engañosas porque todos muestran algunos de sus atributos personales, algunos mucho más que otros. Si se llega a conocer a Dios y su Palabra, las falsificaciones se hacen más fácil de reconocer.

El Egocentrismo

Si Satanás puede mantener a la gente a pensar en sí mismos como el centro de la vida, se ha ganado. Debido al pecado de la primera personas creada de Dios, Adán y Eva, todos nacen en un mundo egoísta, centrado en sí mismo que está en constante rebelión contra Dios y sus normas (Rom 5:6-10). Satanás usa los deseos de la humanidad caída contra sí mismo. Si un individuo se centra principalmente en sí mismo, Satanás mueve rápidamente para eliminar cualquier cosa que estas personas pueden haber oído de la verdad acerca de Dios de la vanguardia de sus pensamientos y reemplazarlos con sustitutos (Mt 13:19).

La Pérdida de Familiar

Si los individuos comienzan a pensar en Dios como el Espíritu Santo deriga, Satanás tratará duro para hacer la vida imposible a través muchas circunstancias, incluyendo la pérdida de amigos y estallidos de el mundo. Satanás sabe que la mayoría de la gente le gusta lo que es familiar y no se mueve fácilmente en reinos desconocidos para incluir amistades sin una buena razón (Mt 13:20-21). Pero para aquellos que salen aun en un poco de fe, Dios es fiel en seguir señalando a si mismo. Él les enseñará un mejor estilo de vida basado en una verdadera preocupación para todos.

Éxito en el Mundo

Cuando alguien considera siguiendo a Jesús, él o ella puede encontrarse con un obstáculo aún mayor que hacer nuevos amigos. Cristo comenzará a formar de nuevo sus prioridades, incluyendo la redefinición de éxito, lo cúal podrá moverse a Satanás para tentar con fuentes adicionales de ingresos. Si él es capaz de mantenerlos distraídos con adicional recursos que requieren tiempo adicional, muchos perderán su nueva conexión espiritual con Dios y volver a seguir otros dioses incluyendo el dinero (Mt 13:22).

Satanás hará cualquier cosa incluyendo el ofrecimiento adicional éxitos monetarios hasta con el fin de evitar que se hace un compromiso real con Dios. Es sorprendente que Bueno la autorrealización a través de la elevación de uno mismo se ve hasta que uno aprende de Dios lo mucho mejor es su forma de vida. Pero, si los individuos que reciben este ahora en su caminar con Cristo hacer un compromiso para negar si mismo y unirse a Dios en la edificación de Su sagrada familia eterna, Dios continuará dandoles forma y moldearlas finalmente llevándolos más y más perfecta imagen moral de Jesucristo, a menudo que llevan a otros a Dios nacido de un creciente amor por Dios y el hombre.

El Seguimiento de Jesús y la Intensificación de las Batallas

Para los que empiezan a seguir a Jesús con ganas de vivir su vida de acuerdo con la voluntad y los caminos del Padre, las batallas normalmente intensifican. Satanás ya ha perdido la batalla por sus almas, por lo que ahora debe concentrarse en cuántos más almas será arrancada de sus manos a través de las personas que han hecho un sólido compromiso de seguir la dirección de Dios. Los seguidores de Cristo saben que ellos son la luz del mundo y que Dios obra a través de ellos no alrededor de ellos. Ellos son las manos y los pies de Cristo (Ef 4:4; 1 Cor 12:13). Si Satanás puede reducir el testimonio cristiano al mundo por distraerlos, él sabe que todavía tiene más oportunidad de mantener a los no cristianos en la oscuridad y lejos de Dios.

Experimentar Bien y el Mal, Exige una Decisión 45

En mi propia vida, he tenido muchas veces cuando me convert Dio cuente del deseo de Dios para que haga alguna tarea que ayudaría otros, tanto física como espiritualmente. Parece que sin falta todo tipo de situaciones llegaría hasta distraerme de hacer mi asignación (Mt 6:25-33). Al mirar hacia atrás durante aproximadamente treinta años de seguir a Cristo como un adulto con un verdadero compromiso, oro que al menos he producido el resultado deseado de Dios cincuenta por ciento de Dios del tiempo. Es tan fácil que se desvíe, si no nos quedamos centrado en Jesús (Heb 12:1-3). Puedo contar todo, desde reparaciones de emergencia simples en nuestra casa o carros, a necesidades inmediata de la familia, a algunas otras necesidades del ministerio, o incluso a la expansion del ministerio de trabajo actual o que se trate de sacarme de cumplir la misión actual que Dios me estaba pidiendo que completar. Yo se que no soy el único que experimenta este tipo de ataque espiritual.

Éxito: Una Continua Tentación

Para algunos, incluso después de comprometerse a seguir a Jesús, Satanás sigue utilizando una distracción común que trasciende el tiempo. que lo hará tentar seguidores de Cristo con ingresos adicionales para sus familias, si se acaba de renunciar a más de su tiempo de servir a Dios. Encima los años, he visto a Satanás utilizar ingresos adicionales para mover muchos de mis amigos y conocidos de distancia de los ministerios que Dios había puesto en sus corazones. Muchos habían convertido emocionados con lo que Dios les había pedido que hiciera. Antes de que fueran invertidos en la obra de Dios, se enfrentaron a las oportunidades de ganar dinero adicional para ellos y sus familias, y, normalmente, había trabajo adiciónal unido a ese dinero. En muchos casos, optaron por renunciar el ministerio de Dios con el fin de obtener seguridad financiera adicional o simplemente para gastar más en sus propios deseos. Satanás gana cuando nos elegimos aceptar dinero adicional sobre las asignaciones de Dios. Nosotros todos debemos ser diligentes para escuchar a Dios, y luego hacer lo que sea necesario para cumplir su voluntad. Sé por experiencia que

Experimentar la Alegría de Jesús
a través de Discipulado Obediente

Dios nos hara vencedores de las batallas físicas, mentales y espirituales resultants con éxito, si somos fieles a Él.

Sin Dolor no Hay Ganancia

Otro engaño común que impregna muchos de nuestros iglesias hoy en día es la idea de que Dios no quiere que trabajamos a través de todo lo que es difícil. Muchos de los seguidores de Cristo son llevado a creer que si algo es difícil, Dios debe estar cerando la puerta a esa asignación. Algunos de los seguidores de Cristo simplemente no saben mejor, pero hay un segundo grupo dentro de nuestras Iglesias que no conocen a Cristo y, por tanto, no tienen ni idea acerca de lo que significa negarse a sí mismos, recoger sus cruces individuales, y seguir a Jesús (Lc 14:26-27). Este grupo de potenciales seguidores de Cristo confunden a aquellos que son verdaderamente tratando de seguir a Cristo, porque Satanás los usa para hacer la complacencia y otras anomalías un aspecto normal (2 Col 11:14-15).

La norma para un verdadero cristiano es ser radicalmente diferente del mundo al paso él o ella realmente escucha a la guía de la Santa Espíritu. Todo lo que tenemos que hacer es mirar en los relatos del Nuevo Testamento de nuestros antepasados, ya que servían en el siglo I y se dan cuenta que la mayoría pasó por muchas pruebas y tribulaciones, por server a Cristo. El seguimiento de Cristo no se supone que debe ser fácil, pero debe ser satisfactoria! El seguimiento de Cristo no será fácil porque la batalla por el resultado de cada vida es significativa. Dios ama a todos y quiere a todos a venir a un lugar en sus vidas en el que dejaran a sus caminos egocéntricos y seguiran a él y sus caminos, y asi lograr ser salvados (2 Pe 3:9). Hay consecuencias eternas para nuestras acciones. Aunque es difícil de seguir a Cristo, el resultado de fiel discipulado produce el carácter de Dios, la emoción, la paz interior, y gozo grande (Rom 5:1-5; Gál 5:22; Jn 14:27; 15:8-11; 17:13).

Las Relaciones Significativas

Si Satanás no puede desviar a los seguidores de Cristo de hacer sus asignaciones dadas por Dios a través de alguna forma de trabajos adicionales o la adversidad, se puede tratar de mantenerlos preocupados de la obra de Dios a través del entretenimiento y / o el enredamiento en pecados (Heb 12:1). En Los Estados Unidos, creo que el tipo más benigno de desviación de la voluntad de Dios es el entretenimiento. Si no tenemos cuidado, vamos a pasar demasiado tiempo viendo la televisión, yendo a actuaciones, interactuando en deportes u otras actividades recreativas, o simplemente mantenerse ocupado con nuestros computadores, i-pads y otros aparatos sin desarrollar relaciones santas.[13] *¡Este es un pecado!*

Satanás ha llevado a muchos a sustituir a los períodos significativos de el trabajo y la interacción social con el entretenimiento centrado en sí mismo y / o actividad tecnológica que ayuda a que uno se sienta productivo, pero, en realidad, sólo se conserva uno ocupado. Muchos están ahora gastando largos períodos de tiempo innecesarios cada día en los mensajes de texto, correo electrónico, navegación por Internet, juegos y todo tipo de actividades auto-absorción de contrarios a la construcción de relaciones santas sólidos. Es este el nuevo opio del ¿siglo veintiuno? *Actividad egocéntrica y el entretenimiento son fácil; trabajando duro y la construcción de relaciones santas significativas requiere esfuerzo.*

A medida que llegamos a conocer a Dios y su voluntad para nuestras vidas (Ti 2:14), comenzamos a comprender la importancia entre tejido relación santa con Dios y con los demás. Aun dentro de las rutinas diarias, Satanás trabaja destruyendo relaciones santas a través muchas perversiones de lo que Dios ha creado para el bien (2 Tim 2:22-26).

Considere alimentos. Dios ha creado el alimento para sostener nuestra cuerpos físicos temporales. Satanás ha llevado a muchos a sustituir comer en exceso, por las relaciones íntimas piadosos. Comer en exceso es fácil, la construcción de las relaciones íntimas de cuidado requiere mucho trabajo.

Considere la posibilidad de drogas. Dios nos ha dado la sabiduría para usar ciertos productos químicos que ayudan al cuerpo. Satanás ha hecho que muchos mal usan de todo tipo de drogas como un sustituto para el cuidado de las santas relaciones que sirven unos a los otros. El uso indebido de drogas es fácil, la construcción de relaciones de cuidado requiere mucho trabajo.

Considere el sexo. Dios ha creado el sexo como uno de nuestro funciones corporals con el fin de procrear expansión de su creación y eterno familia, mientras que el aumento de la intimidad entre un hombre y una mujer dentro de una relación de matrimonio para toda la vida. Satanás ha hecho que muchos sustituir las formas pervertidas de sexo en vez de construir piadosa íntima relaciones de cuidado. El sexo pervertido es fácil, pero la construcción de una piadosa atenta relación entre un hombre y una mujer requiere mucho trabajo. Una santa relación heterosexual es la base de un solido estructura familiar para la edificación adecuada de nuestros niños y en la realidad toda la raza humana. Un hogar piadoso es extremadamente útil para aprender a amar a Dios y al hombre, pero cuidado, Satanás está determinado a destruir la mayor cantidad de relaciones de cuidado como sea posible (1 Pe 5:8). ¡Escucha a Dios! Él le ayudará a construir relaciones afectivas sólidas y animarte a ayudar a los perdidos y heridos de nuestro mundo (Ap 3:20; Jn 15:1-11).

Mantener la Concentración!

Reverenciar a Dios y guardar sus mandamientos.
Ecl 12:13b

El escritor de Eclesiastés fue consternado al final de su la vida después de trabajar duro y hacer mucho. En realidad, sus esfuerzos no fueron no es gran cosa si se miran desde una perspectiva eterna. Incluso si trabajamos muy duro e inteligente para adquirir mucho, cuando nos morimos dejamos todo a los demás que va a hacer lo que deseen con sus posesiones recién adquiridas. Este ciclo continuará hasta que Dios se apaga este lado de la eternidad. John Ortberg la escrito un libro titulado *It All Goes Back in the Box*, que retrata este concepto bien utilizando la idea de ganar a toda costa en el monoplio para ilustrar la futilidad de

Experimentar Bien y el Mal, Exige una Decisión 49

ganar en este mundo a toda costa y no tener en cuenta que cuando el juego ha terminado, todas las piezas volver a entrar en la caja. Nadie lleva las cosas físicas que él ha adquerido cuando llega la muerte física, pero las relaciones son eternamente importante.

Salomón llegó a un punto al final de su vida cuando se dio cuenta que lo que realmente importa es nuestra respuesta a Dios durante la vida en este lado de la eternidad. Qué nos enseña a reverenciar a Dios y, en consecuencia acatar sus normas y ayudar a otros a conocerlo, que tiene valor eterno (Ecl 12:13-14; Jn 8:31b-32; 17:3), lo vivimos y terminar tontamente por separado de Dios y renunciar a una vida eterna de la paz y la alegría con él y su familia eterna? Satanás ha sido tentando a la humanidad desde el principio de la creación de vivir y terminar tontamente a vivir una vida eterna de vergüenza y dolor.

En realidad, es cierto para todas las generaciones que si uno no lo mantiene enfocado en Dios y seguir su ejemplo, que Satanás engañará ese individuo a trabajar en contra de Dios y su Reino (Jn 8:12; 8:43-44; 2 Pe 1:4; 1 Jn 2:16). No hace ninguna diferencia si uno es un maestro de escuela, una enfermera, un médico, un trabajador social, ministro, o alguna otra persona que ayuda a las personas como parte de su trabajo de vida, si esa persona no está viviendo bajo el señorío de Cristo, Satanás va a desviar a esa persona y le llevará por mal camino.

Considere la conversación de Jesús con algunos de los religiosos fanáticos de su época que pensaban que estaban caminando con Dios. La Escritura es claro que a pesar de que uno puede parecer que estoy haciendo la obra de Dios, a menos que él o ella está realmente escuchando a Dios y haciendo Su voluntad, ese individuo no es parte de su sagrada familia eterna (Mt.7:21-23; Jn 7:17). Jesús les dijo a aquellos individuos que eran reclamando para servir a Dios en su día que a pesar de que eran descendientes de Abraham biológicos, en realidad, estaban siguiendo el diablo, Satanás, lo que le hizo que Él sea su Padre a quien estaban honando a través de sus acciones (Juan 8:37-44). Jesús les quería para comprender las consecuencias de seguir los deseos de la carne por medio de engaños de Satanás en lugar de escuchar con atención a Dios.

Cuando se considera el ministerio de Jesús y todo el bien que lo hizo, ¿cómo podrían tantas personas supuestamente piadosos volver contra Él y deseale la miseria de la crucifixion? El cumplimiento de Jesús vino de hacer la voluntad de su Padre (Juan 4:34), pero Satanás llevó a muchos de los contemporáneos de Jesús a un lugar donde estaban ciegos a la identidad del Hijo de Dios y en el final declarado abiertamente que incluso tenido ningún rey aparte de César (Jn 19:15 cf. Mt 28:18-20; Hch 1:7-8; cf. Jn 15:1-2). ¿Qué pasó con Dios siendo su rey? Satanás es muy bueno en el engaño y continúa para engañar incluso de los seguidores de Cristo hoy en día cada vez que se adormecen.

Hoy en día, muchas de nuestras iglesias locales están adormecidas tan profundamente que están ignorando su llamado más importante, que es proclamar la bondad y propósitos de Dios para aquellos que no lo conocen. De alguna manera, Satanás ha cegado a muchos en nuestro iglesias locales sobre el beneficio para sus familias y al mundo de caminar en santidad y sobre los beneficios de caminar en la perfección más adelante en la presencia de Dios para siempre. *Satanás ha engañado de alguna manera una gran cantidad de personas que van a la iglesia regularmente pero ignoran las enseñanzas de Dios sobre la santificación presente y futuro colocación en el Cielo o el Infierno.* De hecho en los últimos años, Satanás ha convencido a muchos a creer otra mentira que es peor que la uno que le dijo a Adán y Eva, ya que sus consecuencias son eternas. Al igual que en el principio, Satanás ha estado llamando continuamente a Dios un mentiroso en toda la creación (Gen 3:1-5; Juan 8:44). El ha estado la enseñanza de que Dios ha mentido a todo el mundo, y en realidad, nadie lo hará experimentado una separación eterna que Dios llama la segunda muerte (Ap 20:11-15). A través de esta mentira, afirma que todo el mundo va a el cielo ya sea que escuchen a Dios o no, porque Dios los ama demasiado como para permitir que nadie vaya al infierno. En realidad, es porque Dios ama a todos tanto que no forzará a nadie a unirse Él y su familia santa eterna; cada uno debe elegir para estar con Él y recibir su señorío como parte del paquete de la familia.

Y, para aquellos que confían en Dios y saber de su Palabra que la separación eterna de Dios es real, Satanás ha llegado con otra mentira y ahora está tratando de convencer a algunos de que la eternidad no es realmente eterna. Él está tratando de convencer a la

Experimentar Bien y el Mal, Exige una Decisión

mayor cantidad posible que la Iglesia no ha entendido la Palabra de Dios correctamente para el últimos 2000 años. Satanás está enseñando que los que van al infierno sólo se irá por un corto tiempo, pero que se siente como estar allí para eternidad. *¡Qué sorpresa!* Satanás en los suyo de nuevo. Él sigue mintiendo con el fin de provocar la muerte de la mayor cantidad posible, pero la Palabra de Dios es clara: las personas que le rechazan a Él y de su forma de vida durante esta parte de su vida eterna será aislado de Él *por siempre.*

5

Guerra Espiritual: un Subproducto del Libre Albedrío

Desde los días de Juan el Bautista hasta ahora, el Reino de los cielos sufre violencia (*biazetai*), y los violentos lo están tomando por la fuerza. Mt 11:12

La ley y los profetas era la dogma hasta Juan; de Desde entonces, la Buena Nueva del Reino de Dios es tan siendo proclamado (*euangelizetai*) y todo el mundo está (*biazetai*) esfuerzando por esta en él. Pero, es más fácil para que cielo y la tierra pasen, que por una trazo de una tilde de la ley caiga / no pasa. Lc 16:16-17

¡Todo el mundo está tratando de forzar su entrada en el Cielo! Hoy, Satanás está en guerra con los que Dios creó para ser parte de Su familia eterna ciegandoles y engañandoles a tantos como sea posible. Todas la humanidad vive en un mundo atrapados en la guerra entre los dos reinos, de Dios y de los rebeldes, cuyo principal defensor es Satanás. Satanás es una gobernante autoproclamado quien decidió que antes de la creación de derrocar a Dios y gobernar todo (Mt 4:8-10; Ef 6:12). A lo largo de la Creación hasta el reinado de mil años de Cristo en Tierra y al final de la creación por un breve momento, Satanás conduce a los que no están escuchando a Dios (Jn 12:31; 16:11; Ap 12:12). La Escritura nos enseña que Satanás ha estado rebelando contra Dios y está tratando de hacerse cargo de su posición de autoridad por tiempo y va a seguir rebelándose hasta que se coloca de forma permanente en el lago de fuego eterno, el infierno (Jn 8:44; Mt 25:41; Ap 20:10).

Vemos claramente en las Escrituras que se trata de una guerra sangrienta. Juan el Bautista murió proclamando que el Mesías y su Reino estaban aquí. Jesús murió en representación de

Dios demostrando el amor de Dios por medio de sus acciones y palabras. La mayoría de los principales discípulos de Jesús murieron proclamando la verdad sobre el plan de Dios de salvación para aquellos que seguiría a Jesús. A través de los siglos, miles y miles de personas han muerto mientras seguían a Jesús a través de la dirección del Espíritu Santo.

Jesús dijo que él no vino a nuestro mundo para producir la paz mundial, sino división entre aquellos que aprenden a seguirle y los que no lo harán (Lc 12:49-51). Jesús también dijo que aunque muchos estaban tratando de forzar su entrada en el Reino de los cielos, esto no ocurriría. Dios tiene la última palabra y sus condiciones dan a través de la Ley y los profetas los haría permanecer. Era más fácil para los cielos y la tierra ser totalmente destruidos que la Palabra de Dios falle (Lc 16:16-17; cf. 5:17-20). ¡Es evidente a través de su Palabra, la Biblia, que la voluntad de Dios se cumplera, y punto final!

A medida que estudia las Escrituras, uno se da cuenta de que Dios el Padre ha tenido todo bajo control desde el principio. Él envió a Jesús a nuestro mundo para enseñarnos más revelación y luego en el momento justo, Él murió por todos (Gál 4:4; Hch 2:23; 4:27-28). Dios nos enseña que esta batalla entre su reino y la Reino del infierno llegará a su fin en el tiempo de Dios cuando el Reino de los cielos está lleno (Mt 13:47-48; 22:1-14). El Reino de Dios es llamado comúnmente el reino de los cielos, y a causa de la obra redentora de Cristo, también se llama el Reino de Su Hijo Amado, el Reino de Cristo (Col 1:13; Ef 5:5).

Cuando Jesús se encarnó y ministró entre nosotros, trajo el Reino de Dios a nosotros (Mt 4:17; 12:28). Jesús enseñó al mundo que los que caminan en las normas del reino de Dios son bendecidos (Mt 5:1-10; 7:12; 18:4).

Al paso consideramos que nuestra participación en la batalla en curso a nuestro alrededor, todos debemos finalmente *tomar una decisión* con respecto a nuestra lealtad eterna. En este campo de batalla llamado Tierra, ha habido y continúa siendo muchos mentirosos que enseñan muchos conceptos falsos sobre la naturaleza del único Dios verdadero, YHWH. Como hemos comentado anteriormente, hay muchos dioses fabricados inexistentes para que se interponen en Satán. Se presentan a la

Guerra Espiritual: un Subproducto del Libre Albedrío

humanidad como sustitutos para reemplazar YHWH. *Satanás usa estas sombras de sí mismo* para distorsionar la realidad y mantener a la gente de conocer a su creador y su deseo de una eterna sagrada familia muy unida. Información sobre los dioses creados de Satanás y las instituciones religiosas pueden ser estudiados a través de libros tales como *A Ready Defense* de Josh McDowell.[14]

El Ungido de Dios, Jesús, el verdadero Mesías, llegó a dirigir la gente en la luz enseñando la realidad y salvándolos de eterna separación del único Dios verdadero. Jesús, el Mesías, vino tryaendo la vida abundante para todos los que escuchan aquí-y-ahora y para la eternidad (Juan 10:10). Jesús es el único acceso a nuestra Padre Celestial (Jn 10:9; 14:6; Ef 2:18). Si los seguidores de Cristo se mantienen centrada en Cristo y seguirle, ellos no serán engañados por Satanás y llevará a muchos a la luz para encontrarse con Dios (Mt 5:14-16; Juan 15:1-2). Pero, como la batalla por las almas de la humanidad rabia, entendemos de Dios que hay muchos que se quedará en la oscuridad con el fin de hacer las cosas por sí mismos a expensas de los demás y que Dios no les obligará a cambiar (Mt 7:13; Jn 1:9-13; 3:19-20; 2 Tes 2:10-12).

Después de la Cruz

> Después de esto, sabiendo Jesús que todo había terminado con el fin de cumplir con la Escritura dijo: "Tengo sed. ". . . Por lo tanto, cuando recibió la vinagre, Jesús dijo: "Todo se ha cumplido", y luego incline su cabeza y entregó el espíritu.
> Juan 19:28–30

Ahora, después de la Cruz, es diferente. Los que obedecía a Dios antes de la Cruz, junto con todos aquellos que obedecen a Dios a través de la sumisión a Jesucristo después de la Cruz tiene una estrecha relación eterna con Dios. A través de la muerte de Jesús en la Cruz, todos los que han vivido en obediencia a Dios va a terminar siendo hecho de estar perfectamente justo delante de Dios como parte de su (Ti 2:14; Gál 3:13-14) sagrada familia muy unida. La mayor parte del dolor del parto de la familia eterna de Dios terminó en la Cruz (Sal 90:2; Rom 8:22).

Experimentar la Alegría de Jesús
a través de Discipulado Obediente

Satanás sabiendo que su tiempo se hace más y más corto comenzó en una intensidad renovada haciendo todo lo que podía para ocultar la realidad de la victoria de Cristo sobre la muerte (Jn 17:4; 19:28–30). Satanás todavía está engañando con eficacia a muchos a pensar que podrán estar en el Reino de Dios a través de cualquier religión o estilo de vida que eligen seguir y al final, Dios los aceptará en su presencia eterna. ¡Nada podría estar más lejos de la verdad! Dios ha hablado claramente a través de su Palabra proclamando que Jesús de Nazaret es la única manera, el único el acceso, en su presencia, en el reino (Jn 14:6). Nadie va a convertirse en un hijo de Dios a través de su propia voluntad, a través de la deseo de los miembros de la familia y los amigos, ni a través de cualquiera otra que el mismo Dios (Jn 1:12-13).

Resistir a Satanás

Cuando considero un buen amigo y un ex pastor de la mina, el Dr. Mark Corts, me acuerdo de una vida que no fue nada fácil. Dios nos enseña a través del Apóstol Pedro para resistir a Satanás, y él finalmente se hurá (1 Pe 5:8-9). Los seguidores de Cristo no debe nunca huir de las batallas espirituales porque sirven al único Dios verdadero; Él es capaz de superar todos los enemigos. Dios es capaz de superar cualquier cosa que Satanás trata de hacer, y Él está con y en toda Su obediente niños (Jn 14:23; 1 Jn 4:4).

Mark Corts era un seguidor de Cristo, que se resistió a Satanás continuamente haciendo lo que él sabía que era correcto. Constantemente tenía que hacer frente a las batallas espirituales dentro de su cargo, y durante los últimos quince años de su vida, tuvo que hacer frente a las batallas espirituales en curso intensificada por la enfermedad física. Marcos escribió un libro antes de su la muerte titulado *The Truth About Spiritual Warfare: Your Place in the Battle Between God and Satan*, el cual analiza algunos de sus batallas y la guerra espiritual en general.[15] Debido a su firme trabajar en la proclamación de la Palabra de Dios y su determinación de hacer la voluntad de Dios a cualquier precio, se convirtió en una contemporánea y eficaz un modelo a seguir. Fue a

Guerra Espiritual: un Subproducto del Libre Albedrío

través de la disposición de Mark de dar a sí mismo y seguir fielmente a Jesús que llegué a un lugar en mi vida que a los veintiocho años yo estaba dispuesto a hacer lo mismo e hice un compromiso genuino con seguir a Jesús a lo mejor de mi capacidad.

Bajo la enseñanza de Mark, diversas clases de Biblia y estudios de la Biblia personales, Jesús no sólo se convirtió en mi hermano mayor activo mirando sobre mí, pero También se convirtió en mi señor y maestro primaria (Jn 8:31-32; 1 Jn 2:27). Mientras miraba a la vida de Jesús en la tierra, empecé para obtener una visión de lo que Él se había renunciado en el cielo (Fil 2:5-8; Heb 2:9-11) y sufrió en la tierra con el fin de hacer un camino para que los pecados de todos podrán borrados (2 Cor 5:21; 1 Pe 2:24). como ya he seguido estudiando las Escrituras, el apóstol Pablo se convirtió en otro mentor que me enseñó lo que el servicio fiel parecía. Cuando fue el momento adecuado, Jesús se reveló a si mismo a Pablo y corrigió su comprensión del plan de salvación de Dios (Hech 9:1-20; 22:1-16; Gál 1:11-17). A partir de ese momento, Pablo estaba dispuesto a renunciar a su prestigio religioso y la vida segura y después de soportar dificultad tras dificultad (2 Cor 11:22-31; Flp 2:4-12) con el fin de anunciar el realidad de la justicia de Dios (Rom 1:16-17) y su expiatorio trabajar a través de Cristo (Jn 3:16-17). Pablo sacrificó todo para ayudar a rescatar a los que no conocían a Dios, pero estaban dispuestos para escuchar el Evangelio como él lo proclamó a través de sus acciones y palabras (Flp 3:7-21; 2 Cor 11).

Jesús solomente hizo bien mientras él anduvo de acuerdo a la voluntad de su Padre y Él sufrió mucho. Pablo sufrió mucho después de que comenzó el seguimiento de Jesús. El Dr. Corts sufrió mucho mientras seguía a Jesús. En en general, todos los que siguen a Jesús se le pedirá a renunciar a algunos de lo que podría haber tenido por sí mismos en este mundo, que sufren pérdida con el fin de superar los altemañas de Satanás (Lc 14:26-33). Todo lo que Dios pide de sus hijos es ayuda a los demás para ver de Dios el amor y la compasión para todos, que a su vez ayuda a algunos para llegar a sus sentidos y pedirle ayuda para cambiar sus vidas para que coincide con Su vida y su voluntad (Lv 19:1-2; 2 Cor 5:17-18). Todo lo que Dios le pide a sus hijos obedientes es ayudará a otros

Experimentar la Alegría de Jesús a través de Discipulado Obediente

a ver que hay una mejor estilo de vida aquí y ahora y para la eternidad. Los seguidores de Cristo serán refinado en el proceso.

Creo que dos formas más eficaces de Satanás de combate contra los seguidores de Cristo son el engaño y la intimidación. Su mayor engaño está engañando a los seguidores de Cristo en el pensamiento de que que no son dignos de testimonio, no es capaz de presenciar, y / o no necesario. En realidad, todos los seguidores de Cristo están llamados a ser testigos, habilitado para presenciar a través del poder del Espíritu Santo, y digno de ser testigos a través de trabajo la justicia de Cristo en ellos (Mt 28:18-20; Jn 15:1-5; Hech 1:8). Si tiene miedo presenciar por cualquier razón, pido a Dios que le dé discernimiento y empoderamiento. Él le ayudará a saber cuándo y cómo testificar en todas las circunstancias.

Vistiendo con Toda la Armadura de Dios

Dios capacita y orienta a los que le están escuchando. Since the Cross, Jesús personally guides, protects, and empowers His followers through the *indwelling of the Holy Spirit* (John 14:16–17; Acts 1:8). Altravés de la cruz, Jesús personalmente guía, protege y da poder sus seguidores a través de la vida en el Espíritu Santo (Jn 14:16-17; Hech 1:8). Los seguidores de Jesús de todos los cristianos denominaciones necesitan para mantener su armadura espiritual en buen estado de funcionamiento y correctamente colocado y usado en todo momento con el fin de ver a través de los engaños de Satanás y se mueven de acuerdo a la voluntad de Dios (Ef 6:10-15). La armadura de Dios es suministrado por Dios para todos los seguidores de Jesús que mantienen en una relación de buena trabajar con él. Dios mismo les protege el seguimiento de Jesús a través del curso batallas espirituales. A veces, Dios pide a sus hijos que renunciar a su vidas físicas y regresar a casa ayudar a los demás a conocerlo a través de sus sacrificios.

Cuando Pablo usa la metáfora de poner toda la armadura de Dios en Efesios 6 como una manera de estar preparado para la batalla espiritual contra Satanás y sus cómplices, Él quería que los seguidores de Cristo darían cuenta de que necesitan la ayuda de

Guerra Espiritual: un Subproducto del Libre Albedrío

Dios, mientras caminan según la voluntad de Dios, tienen toda la protección que necesitan. Como un buen soldado que pone en cada pieza de equipo ofensivo y defensivo con el fin de estar preparados adecuada para la batalla, que será capaz de superar con Dios trabajando en y altravés de ellos a medida que siguen fielmente a Jesús.

Mira la lista de Pablo de las piezas que componen la armadura espiritual que todos los seguidores de Cristo han de usar:

(1) *la verdad*, que constituye una correa de transporte para todos sus herramientas espirituales;
(2) *la justicia*, que constituye una placa de pecho para proteger sus órganos vitales;
(3) *la preparación de anunciar*, el Evangelio de la Paz, lo cual hace que los testigos son eficaces dondequiera que Dios los conduce;
(4) *faith*, que proporciona un escudo móvil que se coloca según sea necesario para detener los empujes mortales de Satanás;
(5) *la salvación*, que proporciona un casco que cubre la cabeza a fin de que no sufran pérdida de la capacidad de ver, oír y entender lo que está sucediendo;
(6) *el conocimiento de la Palabra de Dios* a través de la enseñanza de el Espíritu Santo y la voluntad de seguir su dirección, que faculta a cada uno con un tanto ofensivo y defensivo espada con el fin de despejar el camino para que la verdad sea conocida; y
(7) *oración continua*– en todo momento estar en contacto con Dios mediante la oración.

Vivir una vida santa y el uso de la Palabra de Dios correctamente a través de la instrucción y la dirección del Espíritu Santo permite que los seguidores de Cristo defenderse contra Satanás y para superar las prácticas engañosas de Satanás contra aquellos que caminan en la oscuridad (Ef 6:10-18; 1 Tes 5:14-22).

Aun si vivimos rectamente, estudiar la Palabra de Dios, y seguir la dirección del Espíritu Santo, una vida santa no quiere decir que nos no llegará a ser algún día una víctima de la guerra. Al igual que Jesús, Dios Padre está utilizando nuestros esfuerzos incluyendo la pérdida de nuestra vida física para el último edificación de su reino y sagrada familia, que también es nuestro reino y eterno familia muy unida. Dios va a sacar algo bueno de cada experiencia del dolor y el sufrimiento que sus hijos se someten (Rom 8:28; cf. Col 1:24).

¿El Cielo o El infierno?

¿Se ha preguntado por qué Dios no sólo toma cada de nosotros al cielo y nos muestran su alrededor y luego nos lleve al infierno y hacer lo mismo para que pudiéramos tomar una decisión informada de dónde queremos estar por la eternidad? Cuando era joven, lo hice. Parecio manifestando que los dos sería una manera más fácil para convencer a muchos a seguirlo. Pero, a medida que crecía, me di cuenta de que Dios no hace quiere que nadie tomar la decisión de seguirle basado en las cosas, sino en cambio en la relación eterna que Él tiene todo. A pesar de que el Cielo va a ser un gran lugar para llamar a casa, un lugar que se hacen que incluso los mejores lugares de la tierra parecen mediocres, Dios quiere para que nuestra eterna elección de amigos y familiares sobre la base de un deseo a vivir con él en una verdadera comunidad solidaria. Si no nos sometemos a nuestro amoroso Padre Celestial y que éste pudiera finalizar nuestra transformación en su imagen moral y la familia, hemos elegido automática el Infierno para nuestro hogar eterno (2 Tes 2:10-12). ¿Qué enseña la Escritura acerca del infierno?

El Infierno

Y si tu ojo te fuere ocasión de caer, sácalo: mejor te es entrar al reino de Dios con un ojo, que teniendo dos ojos ser echado á la Gehenna; Donde el gusano de ellos no muere, y el fuego nunca se apaga.
Marcos 9:47-48 (cf. Mt 7:13-14)

Guerra Espiritual: un Subproducto del Libre Albedrío

Satanás ya ha tomado su decisión eterna para separar a sí mismo de Dios y derrocarlo si es posible. Si Satanás pudiera matar al Padre, el Hijo, el Espíritu Santo, y todos los que están asociados con ellos, él lo haría. Sin embargo, la buena noticia es que Dios no es solo lleno de bondad hacia aquellos que le reciben, Él es grande y capaz de mantener el control. Satanás no puede cambiar lo que Dios establece en movimiento, y ***Dios desea que haya dos reinos:*** el Reino de los cielos y el reino del infierno. Dios es asegurarse de que él y los que optan por ser parte de su eterna familia muy unida tiene amor perfecto con su alegría y la paz resultante. Él *no* permitirá que cualquier interrupción en el Cielo *Nuevo*, sino el reino llamado Infierno estará lleno de agonía y desesperación.

Cuando miramos mas plenamente a la Palabra de Dios para entender los condiciones de vida del Reino del Infierno, nos salen con un deseo más profundo para ayudar a tantas personas como sea posible heredar del Reino de los Cielos. El infierno es un lugar muy molesto y doloroso. Una vez que uno se coloca allí en vergüenza, él o ella se queda para siempre (Dan 12:2; Mt 25:46). Aprendemos de las Escrituras que los que están colocado en el infierno por toda la eternidad se someten a la vergüenza y el sufrimiento eterno que les afecta tanto física como mentalmente. Nos Vemos metafórica imágenes que representa el dolor físico en comparación con ser quemado continua por el fuego y un gusano de eterna devorando la carne, sino nunca completando la tarea (Is 66:24; Mc 9:47-48).[16] Y aún vemos el dolor del infierno como algo similar a tener solo experimentado la pérdida de un ser querido que es muy querido para ti causando mucho "llorando y crujiendo de dientes [Mt 8:12; 13:42; 25:30]. "También hay otras imágenes metafóricas de la humillación en general, la vergüenza y la incomodidad incluyendo metafórica imaginería de dormiendo en una cama de gusanos y la descripcion de un gusano gigante cubriendo cada persona (Isa 14:11; Dan 12:2). No tenemos explícita declaraciones relacionadas con el dolor, el sufrimiento y la humillación de ser en el infierno para siempre, pero tenemos suficiente imaginería metafórica que grita en voz alta, *"cuidado, mantenerse al margen, el dolor, el peligro y la humillación ¡adelante!"*

Cuando uno rechaza a Dios, su dolor y empieza a padecer inmediatamente después de la muerte física (Lc 16:23-25), a la espera en la parte baja Seol (Hades) para su juicio final en la corte de Dios en el final del reinado de mil años de Jesús. Toda la desobedientes esperen en el Hades hasta que el gran día del juicio, en cuyo momento serán acusados formalmente y juzgados de acuerdo con sus acciones (Mt 25:45; Rom 2:13; Ap 20:12), y luego van a ser condenados a la segunda muerte, que es la separación eterna total de Dios de una lugar llamado infierno, Gehenna, el lago de fuego (Ap 20:11-15), que se quema para siempre (Mt 25:41, 46; Ap 19:20).

Teniendo en cuenta la terminología, la mayor parte de nuestra moderna Inglés el uso de la palabra "infierno" en la Escritura proviene de la traducción de dos palabras griegas, *geenna* (Gehena) y *tartarosas* (Tártaro) como "Infierno." En primer lugar, podemos aprender de la Escritura que el infierno (Gehena) no es el mismo lugar que el Seol, que se llama Hades en el Nuevo Testamento (Hech 2:27, 31).[17] Cuando se examina la Escritura, nos encontramos con que el Seol (Hades) es en realidad una cárcel, un lugar de esperar a la final juicio (Mt 11:21-24; Lc 16:19-31; Ap 20:14).

Antes de que Jesús murió en una cruz por los pecados de todos, era el Seol el lugar donde todo fue cuando murieron (1 Sam 2:6; 2 Sam 22:6; Sal 88:3; 89:48; Ez 26:20), porque todo el mundo tenía que esperar la obra expiatoria de Cristo. Hasta que llegó, todos esperaron, ya sea en mayúsculas o bajar el Seol. Seol superior contenía los que habían llegado a confiar Dios durante su vida, mientras más baja Seol contenía los que no habían confiado en Dios.

Aprendemos en 1 Samuel 28:15, que en realidad era cuando el rey Saúl era capaz de interrumpir la vida de Samuel en el Seol, a fin de hablar con él eventos sobre futuros. Parece ser que el rey David tenía algún la comprensión de lo que Dios quería y podía levantar un poco fuera de este lugar temporal de retención en el futuro (Sal 49:15; 86:13). El profeta Daniel también proclamó una resurrección futura de los de Seol con unos pocos a obteniendo una vida eterna con Dios y otros de la obtención de un estado eterno de vergüenza y confusión (Dan 12:2). Dios le dio más sabiduría a través de uno de los salmos de David declarando que, además de resurrección espera de David, el Ungido de Dios, la

Guerra Espiritual: un Subproducto del Libre Albedrío 63

venida del Mesías se levantaría de entre los muertos en el Seol sin sufrir descomposición corporal (Hech 2:22-36).

Los escritores del Antiguo Testamento sabían de dos áreas dentro de el Seol: el mayor era reservada para los fieles y se prefirió sobre el segundo lugar que era un poco más abajo en las profundidades del Seol cual era reservada para los malvados (Dt 32:22; Pr 9:18). De acuerdo a la promesa de Jesús a uno de los criminales con que fue crucificado, Él le prometió que estaría con él ese mismo día en la parte superior de Seol, que calificó de "paraíso" (Lc 23:43). En uno de las enseñanzas de Jesús, que nos da una mayor comprensión de dos áreas de Seol antes de la Cruz: la primera área contenía los que habían aprendido a confiar a Dios durante su tiempo mortal en la tierra. Ellos vivían con el Abraham, Isaac y Jacob sin sufrir mientras esperaban liberación (Lc 16:22, 25-26). La segunda área contenían los que no escucharon a Dios y ellos estaban viviendo en agonía (Lc 16:22-24). El último grupo está todavía esperando actualmente en esto cárcel que que conocemos como Seol inferior (Hades) para el juicio final en el cual momento en que va a ser sometido a juicio delante de Dios y de acuerdo a su propia elecciones individuales ser condenados al eterno aislamiento desde Dios, que también se conoce como la segunda muerte (Ap 20:14).

Los que vivían en la zona superior, Paraíso, antes de la muerte salvadora de Jesús por los fieles, fueron puestos inmediatamente en libertad y ponen en la presencia de Dios cuando Jesús ascendió de sus tres días en el Hades (Ef 4:8-10; Heb 2:9; 2 Cor 5:6-8; cf. 2 Cor 12:1-4). Ignacio (37-107 dC), un escritor cristiano temprano y mártir, dijo que después de muriendo en la cruz, Jesús bajó al Hades solo, pero ascendió con una multitud de habiendo derribado la pared intermedia, que había dividido a Dios y la humanidad.[18] Según se desprende de testimonio de Pablo, Paraíso fue trasladado a un área llamada el Tercer Cielo (2 Cor 12:4; cf. Lc 23:43), la cual Dios permitió a Pablo visitar y escuchar cosas que lo animaron, pero no podía repetir (2 Cor 12:1-6). Los que estaban confiando en Dios antes de la Cruz, finalmente fueron capaces de hacerse perfectamente justo lo que les permite estar en la presencia inmediata de Dios después de Cristo terminó su expiatorio trabajo. Ahora, sólo hay el Seol inferior que contiene los que ahora están a la espera de su juicio en el gran día del juicio, que está viniendo a todos los que rechazan a Dios (Ap 20:13).

El Nuevo Cielo

> Y oí una gran voz del cielo que decía: He aquí el tabernáculo de Dios con los hombres, y morará con ellos; y ellos serán su pueblo, y el mismo Dios será su Dios con ellos. Y limpiará Dios toda lágrima de los ojos de ellos; y la muerte no será más; y no habrá más llanto, ni clamor, ni dolor: porque las primeras cosas son pasadas.
> Ap 21:3-4; cf. Ap 21:1; 2 Pe 3:10-13

Pedro dijo que el Dios y Padre de nuestro Señor Jesucristo merece ser estimada por todos. Dijo que fue Dios el Padre que ha provocado que los seguidores de Cristo al nacer espiritualmente, justificado, y glorificado. Era un trabajo justo de Dios que hizo possible para todos los que vivieron sus vidas confiando en Dios para tener una incorruptible herencia en el cielo (1 Pe 1:3-5; Ap 12:7; Jn 3:5; Rom 1:16-17; 8:30). Por lo tanto, ¿qué sabemos sobre del nuevo cielo desde la Escrituras santas?

A pesar de que él no da muchos detalles acerca de la Nueva Cielo y la Nueva Jerusalén, Dios da suficiente información para informe a todos que va a hacer que incluso los mejores edificios o obras hechos por hombre en la tierra de cualquier edad parece mediocre. ¿Alguna vez ha visitado una ciudad suspendida en el espacio o sentado en la parte de la tierra que se extiende verticalmente 1500 millas de altura? Con nuestras limitaciones actuales, sentimos que estamos haciendo bueno construir edificios que se extienden hacia arriba de un cuarto a media milla.[19] Pero ¿qué pasa con la construcción de una ciudad que muestra la gloria de Dios en su deslumbrante esplendor simplemente de partida con su tamaño: es 1500 millas de ancho, 1500 millas de profundidad, y 1500 millas de altura. ¡Eso es el dimensiones exteriores de la Nueva Jerusalén (Ap 21:2, 11, 16)! Esta ciudad es el hogar de todos los hijos de Dios en el Cielo con las abiertas puertas a todos

Guerra Espiritual: un Subproducto del Libre Albedrío

el tiempo en un estado eterno de paz en el cielo (Ap 21:25). Las paredes de la ciudad y cuenta con sala de jaspe tienen doce cimientos hecha de piedras preciosas, mientras que gran parte de la ciudad, incluyendo los calles están hechos de oro translúcido y puro (Ap 21:18-21). La ciudad cuenta con tres puertas en cada uno de sus cuatro lados realizarse individual desde perlas gigantescas (Ap 21:21). No habrá luces, porque el resplandor de Dios iluminará todo; y el Cordero será su fuente central de luz (Rev 21:23; 22:5).

El Aspecto Relacional del Cielo

... *Porque nuestra ciudadanía (patria) está en los cielosa*, de dónde también ansiosamente esperamos a un Salvador, el Señor Jesucristo, el cual transformará el cuerpo de nuestro estado de humillación en conformidad al cuerpo de Su gloria, por el ejercicio del poder que tiene aun para sujetar todas las cosas a Él mismo.   Fil 3:20-21

Amados, **ahora** somos hijos de Dios y aún no se ha manifestado lo que habremos de ser. Pero sabemos que cuando Cristo se manifieste, seremos semejantes a Él, porque Lo veremos como Él es.
1 Juan 3:2

Ahora, ¿qué pasa con la relación que Dios desea con nosotros? Nosotros sabe que Dios nos ha creado para ser parte de su eterna familia santa, y si le recibimos a El en nuestras vidas como **Señor y Salvador**, el deseo de Dios se convierte en realidad para nosotros. Dios ha creado a cada de nosotros para ser un miembro de la familia íntima, experimentando paz perfecta y la alegría con él para siempre.

En la revelación personal de Jesús a Juan, nos tome en cuenta que en nuestro futuro Cielo, Dios está con sus niños (Ap 21:3). Dios no esta lejos de sus niños, pero en cambio, está justo en el medio de su familia. Cada individuo que aprende a confiar en

Experimentar la Alegría de Jesús
a través de Discipulado Obediente

Dios se transformará en una semejanza de la naturaleza de Dios (Fil 3:20-21; Rom 8:29).

Parte de ser como Cristo con cuerpos resucitados similares, significa que el milagro de la muerte de Jesús en la Cruz se convertirá realidad para todos los que aprende a confiar en Dios desde el principio de los tiempos hasta el juicio final (Heb 10:10-14; cf. 1 Pe 3:18). En Cielo, todo pecado se ha eliminado junto con cualquier propensión al pecado (Rom 6:22; 8:28-30). No hay pecado en el Cielo; no habrá más dolor, la tristeza y la muerte (Ap 21:4; 22:3). Los hijos de Dios beber de las Aguas y comer del Árbol de la Vida en abundancia (Ap 21:6; 22:1-2).

Cuando consideramos la oración de Jesús la noche antes de morir en la Cruz como el Salvador del mundo, debemos tener especial nota del hecho de que *él indicó que él estaba compartiendo su gloria con todos los que lo estaban confiando en el en el momento y los que habrían de confiar en él en el futuro.* Por medio de su deseo de compartir su filiación y atributos personales con sus seguidores (Jn 1:14; 20:17), Él estaba asegurando nuestra unida santa unidad. Para todos aquellos que formar parte de la familia de Dios; Él garantiza la unidad perfecta con Él y todos los demás miembros de la familia (Jn 17:22-23).

Cuando nos fijamos en el viaje de Jesús para nuestra salvación, se hace evidente que Él pasó por tres cambios en el proceso de salvarnos. En primer lugar, el Padre y Él desarrollaron a un la transformación desde el mundo espiritual al mundo físico (Espíritu y verdad: Juan 1:1-2; 4:24; encarnación: 1:14). El Hijo, que había sido idéntico al Padre en la naturaleza y el maquillaje ahora tomó en una forma mucho más bajo de la vida que culminó con su muerte en nombre de todos (Flp 2:5-8). Esta era una empresa conjunta de la Padre, Hijo y Espíritu Santo, que permitieron que Dios nos hable docencia presencial (Jn 14:9). Un segundo cambio se produjo después de sufrir humillación, una terrible paliza, y la asfixia en una cruz. Jesús en un estado caido espiritual, debido de tomando en los pecados del mundo, tomó los pecados para aquellos que se salvan, y sufrió la separación de Su Padre celestial en el Seol como castigo (Is 53; Mt 12:39-40; Heb 2:9; Hech 2:22-36). Luego vino el tercer cambio, el Padre resucitado a Jesús en una nueva vida limpia libre desde todos

Guerra Espiritual: un Subproducto del Libre Albedrío   67

nuestros pecados (1 Jn 2:1-2, 29; 3:5), en una nueva forma resucitada. Después de sufrir para toda la humanidad, Jesús nunca se volvería a morir de nuevo (Heb 6:20; 7:24-25). Jesús tomó sobre el estado completado de la creación (Col 1:15-18), una nueva perfeccionado humanidad espiritual, y ahora está trabajando traer como todos los que va a escuchar en la casa de Dios a fin de que ser completado finalmente en un estado similar (Fil 3:20-21; 1 Jn 3:1-2).

A medida que consideramos las características físico-espiritual de Jesús (Ontología) después de la resurrección (1 Cor 15:1-9), observamos que Jesús podía caminar por las paredes (Jn 20:19, 26), pudiera cambiar de apariencia (Lc 24:13-35; Mc 16:12), la gente podía tocar Su cuerpo y sentir sustancia (Lc 24:39; Mt 28:9; Jn 20:17), Él podía comer alimentos (Lc 24:41-43; Jn 21:12-15), y Él podría ascender a la misma presencia de Su espirituales Padre Celestial desde este mundo físico de inmediato como deseaba (Hech 1:9). Las capacidades del cuerpo resucitado son impresionantes; trascienden lo físico e interactuar directamente con el espiritual. Todos los que siguen fielmente a Jesús tendrá un cuerpo resucitado con su propio único características personal, pero similar al cuerpo resucitado de Jesús. Tendrán las mismas capacidades para operar tanto en un material y espiritual mundo simultáneamente dentro de los nuevos cielos y la tierra por venir.

Es por eso que vamos a ser capaces de ser una parte íntima de la familia de Dios. Dios ha prometido a los que siguen a Cristo que serán transformados en el mismo estado final como la transformación de Jesus. Nada va a dividir a los hijos de Dios. Además, como se socialmente responsables miembros de la familia, cada uno asuman su responsabilidades asignadas y la autoridad correspondiente (Ap 3:21).

Esta es la razón por el Cielo va a ser tan grande. Alguna vez has considera lo que sería como vivir en un lugar donde todo el mundo te ha amado hasta el punto de que usted no siempre tiene que preocuparse de que alguien tratando de hacerte daño espiritual, mental, o físicamente. En el cielo, para usar una frase terrenal, "vamos a tener las espaldas de cada otra ", y no vamos a estar escondido de Dios debido a nuestra la vergüenza de hacer el mal y el dañando a los demás (pecado). Nos convertiremos totalmente transparente ya no tener miedo de lo que puedan hacer en el futuro para dolernos, y nos va a servir gozosamente unos a otros como nos asumir nuestras responsabilidades asignadas. Todos estaremos sirviendo a uno otros en amor perfeccionado sin ningún pecado bajo el señorío de la Padre e hijo. Estaremos viviendo en un mundo donde nuestra Celestial Padre y Hermano Mayor nos han salvado de la esclavitud y la corrupción del pecado, a fin de que podamos experimentar una vida perfecta de amor, alegría y paz con nosotros mismos y con los demás (Rom 8:21, 35; 1 Cor 2:7-9; Gál 5:22-23).

¡Cielo va a ser grande! No va a ser grande debido a cuán grande será el reino físico y espiritual, sino porque por fin vamos ser capaces de conocer perfectamente a Dios y estar en su presencia para siempre. En este punto en el tiempo, sólo podemos imaginar lo que será como hablar en conversaciones significativas casuales con nuestro Padre Celestial, Jesucristo, el Espíritu Santo, y todos los que siempre obediente escuchó a Dios a través del tiempo. Aunque parece demasiado bueno para ser verdad, aquellos de nosotros que son el seguimiento de Cristo están deseando que el día en que vamos a realizar nuestra realidad estrecha relación con Dios y con los demás.

Para aquellos de ustedes que realmente no se han comprometido a seguir a Jesús hasta este momento de sus vidas, quiero animaros a viajar conmigo un poco más allá y considerar seriamente el seguimiento de Jesús. A pesar de que muchos que no están siguiendo a Jesús sabe que algo está mal y desea algo mejor, Satanás ha estado ud engañando haciéndoles creer que ud no puede cambiar.[20] *¡Esto es una mentira!* Dios da a cada uno múltiples posibilidades para vuelven a él y siguen obedientemente Él y de su forma de vida. ***Dios es el que ayuda a cambiar los seguidores de Cristo.***

Dios es digno de nuestra sumisión. Si se llega a esa conclusión y desea de convertirse en parte de su eterna santa familia íntima, rezaremos juntos para recibirlo en su vida antes de terminar este libro. Si ya está siguiendo a Jesús, oro que el resto de este libro le anime a dejar de lado su control personal sobre las cosas que Dios debe controlar y comprometerse a seguir a Jesús a la medida de su capacidad. Al hacerlo, usted ganará mucho más de

Guerra Espiritual: un Subproducto del Libre Albedrío

lo que dio por vencido, y usted comenzará a experimentar emoción divina, la alegría y la paz interior.

6
El Despertar Espiritual: el Venir a Nuestros Sentidos

En este momento, tome un momento, cierra los ojos, y considerar el siguiente escenario. Imagínese en la costa noreste de Japón a Honshu en el viernes por la tarde del 11 de marzo de 2011, cuando un terremoto de nueve puntos sacudió la región, el mayor registrado en la historia. A pocos minutos después del sismo la área costera fue golpeado por una ola de tsunami de treinta pies del altura. Usted ha estado en vacaciones que se sientan en la playa contemplando la vida cuando, de repente, la tierra empieza a temblar violentamente y todos los edificios detrás de usted desintegrarse. Antes de que pueda superar la conmoción desde el efecto de el terremoto y responde a los gritos, se oye un gran sonido crepitante, gira ud de nuevo hacia el mar, y ver una ola de treinta pies de altura que esta desciendiendo rápidamente sobre ud. ¿Qué le dice a Dios en ese momento? ¿Con peligro inminente, le resignarse a cualquier resultado con una sensación de paz interior, sabiendo que si usted muriera, sería abandonar inmediatamente su cuerpo físico y encontrarse con Dios cara a cara,o seria ud superarse con un sentido absoluto de la desesperación?

¿Alguna vez has tenido un sueño en el que ocurre dentro del sueño todo se sentía tan real que se sorprendo cuando se despertó y se dio cuenta de que todo había sido un sueño? De una manera muy similar, cuando alguien empieza a escuchar a Dios, él o ella comienza a darse cuenta de que hay más en el mundo alrededor de ellos que parece a simple vista. Dios no nos permiten interactuar directamente con el mundo espiritual que es interconectado directamente a nuestro mundo físico, pero Dios nos da un conocimiento de ese mundo espiritual a través de su Espíritu Santo. Dentro de nuestro mundo físico, Dios enseña todo acerca de la interacción social según Dios y le pide a todos a considerar la elección de vida con Él por la eternidad (Ap 3:20; 21:1-4; 22:1-5).

Experimentar la Alegría de Jesús a través de Discipulado Obediente

Aunque Dios no se nos da la capacidad de interactuar directamente con el mundo espiritual que nos rodea (excepto a través del Espíritu Santo y la oración), los que escuchan a Dios se les enseña a entender que muchas de las batallas que que experimentamos personalmente son de base espiritual y sólo se puede ganar a través de la ayuda de Dios (Ef 6:10-18). El mundo físico se ve afectado por el espiritual y viceversa. En la actualidad, afectamos el mundo espiritual a través de nuestras acciones en el mundo físico y por medio de nuestras oraciones como Dios y su anfitrión celestial de ángeles defender la justicia en ambos mundos. Para los que escuchan a Dios, la realidad de un futuro mundial espiritual dividido en dos regiones aisladas llamado el Cielo y el Infierno-se convierte en el foco principal, incluso a medida que vivimos nuestras vidas físicas en el aquí-y-ahora (1 Pe 1:3 -9; 2:9-10. Fil 3:17-4:1). Nuestro mundo es temporal, pero el futuro Cielo sin pecado y el Infierno pecaminoso, son permanente.

Desde el principio de la creación, Dios ha pedido a todos a tomar decisiones. Desde el pecado de comer del árbol del conocimiento del bien y el mal comprometido por Adan y Eve, todos esta nacido en pecado y obligado a experimentar tanto el bien como el mal. Nosotros aprender de ambos y luego debe elegir obedecer o desobedecer a Dios, para seguir a Dios o nuestras formas egocéntricas. Ha sido parte del designio creador de Dios para dar a todos una cantidad bastante grande de la libre voluntad con el fin de permitir a cada persona a decidir si él o ella desea unirse a él y otros en la vida santa de Dios. Dios no se ciernen sobre su creación como un padre enojado obligando a todos a hacer lo que es correcto. A través de la enseñanza del Espíritu Santo, Dios trabaja con nuestras conciencias individuales, nuestros corazones, y nos muestra las ventajas de una vida santa que vivían con él en paz, alegría, y obediencia.

La obra de gracia de Dios en nuestras vidas hace que muchos de se rebelan abiertamente contra él y su santa camino de vivir (Rom 5:8-10). Pero Dios es persistente, no queriendo que ninguno perezca, sino que todos vengan a un lugar en la vida donde ellos voluntariamente se vuelven a él en busca de un cambio de centrarse desde uno mismo y la familia para siguiendolo y adquiriendo su preocupación por todos (2 Pe 3:9). Aprendemos del

El Despertar Espiritual: el Venir a Nuestros Sentidos 73

bien y el mal que nos rodea, y Dios nos sigue pidiendo a alejarse de una vida de egoísmo y someterse a Él y se convierten en parte de Su eterna santa familia intima. Todo el mundo debe someterse voluntariamente a la autoridad de Dios a causa de su gran amor por todos, pero muchos elegir su propio dominio sobre Su con la pérdida de la paz interior y alegría a largo plazo y la pérdida de una vida futura en el cielo con Él.

Hoy en día, algunos piensan que Dios nos ama tanto que Él no permitirá que cualquiera pueda rechazarle a El e ir al infierno o ellos piensan que yendo al Infierno será temporal y sólo se siente como una eternidad. *¡Esto está mal!* Sin sumisión a Dios, la gente va a estar confinados, en el futuro, a un lugar aislado, una prisión, llamado Infierno sin contacto con Dios y Sus seguidores justos para siempre. *¡Las elecciónes que todos hacen son muy importante!*

El Libre Albedrio es Critico

Dios creó a todos libres para tomar decisiones que tienen consecuencias eternas y no forzará Su camino de vida en cualquiera. Es claro en las Escrituras que Dios desea que todos puedan aprender a confiar en él y elegir vivir con Él por la eternidad (Jn 3:16, 19-20), pero Él sabe que muchos no lo harán (Mt 7:13-14). Él anima constantemente a todos a mirar más allá de sí mismos y elegir una vida de paz y alegría con él y otras personas que quieren la misma cosa. Llegará un momento en que Dios no permitirá que los que no le va a seguir para hacer la vida imposible a los que lo hacen (Ap 22:14-15).

Otros piensan que Dios no sería realmente permitir que cualquier persona haga una elección tan significativo como para aceptar o rechazarle a Dios eternamente, pero Dios hace. Antes de la creación física, Dios ya sabía lo que iba a pasar cada segundo de cada día de la Creación con cada individuo que nace en él (Ef 1:4). Su creación se basa en el conocimiento previo, sabiendo de antemano lo que va a pasar (1 Pe 1:1-2; Rom 8:28-30).

Una analogía simplificada de la capacidad espiritual de Dios puede ser visto a través de lo que podemos hacer en nuestro mundo físico. Dios nos ha dado la capacidad de diseñar proyectos

Experimentar la Alegría de Jesús a través de Discipulado Obediente

tales como carros, casas, puentes, etc. Nosotros sabemos de antemano cómo nuestros diseños serán los resultados. Dios ha dado a la humanidad esta capacidad mental básica. En una escala mucho más grande, Dios tiene la capacidad de diseñar un universo complejo de seres inteligentes como nosotros y El sabe de antemano cómo serán los resultados. Dios sabía de antemano quien elegiría para escucharle a El y convertirse en parte de Su eterna santa familia intima y quién no lo haría (1 Pe 1:1-2).

Dios sabía quien iba a nacer, cuándo, y cómo cada persona en Su creación sería vivir su vida. Dios también sabía de antemano cómo el iba a trabajar con cada persona animándoles a alejarse del mal y el egocentrismo y mira a Él para la guía y liderazgo en vez. Sobre la base de Su conocimiento de lo que cada persona haría, decidió antes de crear el universo físico quien permitiría ser parte de Su Reino eterno y Familia y quién no lo haría. Aunque Dios desea que todos convetirse en parte de su familia, El permite que todo el mundo determinar la decisión final para recibir o rechazarle a El y determinar dónde cada uno pasarán la eternidad (Jr 20:12; Lc 8:17; 16:15; 2 Tes 2:10).

En realidad, Dios invita a todos, pero sólo unos pocos son elegidos en función de su respuesta a su llamado. Jesús contó una parábola que nos ayuda a comprender con claridad toda la Escritura respecto a esta materia. Dios está llenando su Reino y la familia eterna, invitando a todos, *pero si uno desea entrar en Su Reino, ud debe seguir la voluntad de Dios y llegar a ser como Cristo* (Mt 7:21; Gál 3:26-27). Si no lo hace, ud será rechazados (Mt 22:1-14). Por eso, Jesús advierte a todos que si no están dispuestos a escuchar y hacer Su voluntad, ellos no son capaces de ser sus seguidores (Lc 14:26-33; Mt 10:38). Todo el mundo que desea ser un miembro de la familia de Dios debe poner a Dios primero y seguir su liderazgo (Lc 14:26).

¡En realidad, nuestras decisiones individuales son importantes! Las enseñanzas de Dios son consistentes tanto en el Antiguo y el Nuevo Testamento. ¿Qué personas deciden hacer con sus asuntos durante la vida terrenal es muy importante y tiene consequencias eternal. El escritor de Hebreos dice que está establecido para cada uno de nosotros a morir una vez y luego lo hará un juicio seguir (Heb 9:27; Ap 20:11-15). *¡No hay*

El Despertar Espiritual: el Venir a Nuestros Sentidos   75

reencarnación! Todas las personas viven esta parte física de su vida eterna sólo una vez, y todos serán juzgados de acuerdo a la forma en que respondieron a Dios durante este breve porción de la eternidad (1 Pe 1:17). Todo el que aprende a confiar y obedecer a Dios (a causa de su gran amor por todos) pasarán a formar parte de Su eterna santa familia intima; y se les asignara tareas en esta vida y un propósito especial para esta vida. (Jn 1:5; Gál 1:15-16).

Aunque puede ser difícil de creer, la parte más difícil de la vida para la mayoría de la gente *está despertando* a la realidad del mundo espiritual que les rodea. Si no dejamos que Dios nos enseña, *nuestros propios deseos personales son como los deseos de los niños pequeños y los deseos infantiles oscurecer nuestro razonamiento* y cegarnos a lo que realmente está pasando. Además, la obra engañosa de Satanás nos bombardea continuamente con una multitud de diversiones y ocupaciones.

Nuestros deseos egocéntricos combinados con los engaños y el ajetreo de Satanás se combinan para producir una cortina de humo mental y espiritual manteniendo muchas de venir a conocer la realidad de Dios y Su amor. A veces, Dios irrumpe a través de esa cortina de humo y se revela El mismo. A través de Su revelación, nos damos cuenta de lo vacía que nuestras vidas son sin una estrecha relación con Él y la realidad que Él tiene muchos fieles seguidores en todo el mundo trabajan para traer a todos los que escuchen a su presencia eterna.

Dios trae fragmentos de la realidad en la vida de todas las personas a traves de evangelistas, predicadores, maestros, miembros de la familia, amigos, colaboradores, e incluso extraños, que utilizan todos los tipos de medios, incluyendo folletos, revistas, libros, teléfonos, computadoras, iPods, i-Pads, la radio, la televisión y otras formas. Se pide a todos a leer su Palabra, la Biblia, con el fin de disipar la oscuridad a su alrededor que les permite ver la realidad, que a su vez les libera de su propia servidumbre de pecado y egocentrismo (Jn 8:31b-32).

Billy Graham escribió una vez acerca de una joven que le había escrito una carta y le dijo cómo totalmente desgraciada que había sido en su vida anterior de espíritu libre. Ella había estado persiguiendo los placeres sensuales de este mundo, pero no encontró la paz interior ni la alegría duradera desde eso estilo de vida. A través de la guía de Dios, ella decidió ir a un estudio de la

Biblia y el muñón a todos con su cinismo. En cambio, Dios usó ese tiempo para construir un interés en ella para leer Su Palabra. Ella comenzó a estudiar una Biblia regularmente y varios meses más tarde Dios la llevó a un punto en el que se dio cuenta de qué Dios realmente la quería y que Él tenía un plan mucho mejor para su vida de lo que había por sí misma. En ese momento, ella sometió su vida a su amante Creador. Ella dijo en su carta que después de comprometerse a seguir a Cristo, ella experimentado una felicidad que ella no sabía que existía. ella indicó que todos esos placeres sensuales eran trampas que la había llevado a confusión, infelicidad, la culpa y suicidio. Ahora ella era verdaderamente libre mientras ella estaba siguiendo Cristo.[21]

¡No Hay Pases al Cielo!

Si queremos ser honestos uno con el otro, la mayoría de nosotros admitiria que queremos las cosas a nuestra manera y más fácil posible. Por lo que veo en la Palabra de Dios, el compromiso y esfuerzo son necesario para avanzar cualquier cosa, ya sea bueno o malo. Desde el lado del mal, la Escritura es claro que Satanás ha sido y seguirá trabajando duro para derrocar a Dios y Sus hijos hasta que se limita de forma permanente en el Infierno después el reino de mil años de Cristo. Él no va a ganar, pero él está poniendo mucho esfuerzo en traer ya que muchos de los hijos de Dios con él como sea posible. Desde el lado del bien, la Escritura es claro que Dios tiene sido paciencia y trabaja duro en nombre de la humanidad desde el principio. El Hijo de Dios, Jesucristo, trabajando con su padre, murió incluso tanto física como espiritualmente con el fin de proporcionar una manera para que el bien triunfe eternamente. A través de la muerte espiritual de Jesús en nuestro nombre, Él fue separado de su relación íntima con su Padre Celestial por primera vez con el fin de que los que estaban confiando en Dios nunca experimentaría la muerte espiritual, incluso durante un segundo (Jn 11:25-26; Ef 4:8-10; Heb 2:9-11). Jesús proporcionó una manera de deshacer mal y da a los que se someten a Dios una justicia como la suya propia (Gál 3:13-14;

El Despertar Espiritual: el Venir a Nuestros Sentidos 77

2 Cor 5:21). Cualquier avance real, ya sea bueno o malo, requiere compromiso y esfuerzo.

Si todo avance requiere compromiso y esfuerzo, ¿Por qué tantas pensar que Dios, que está luchando por nosotros, quiere que Sus hijos se sientan en el banquillo y no hacen nada? Todo en la Escritura enseña que los hijos de Dios han de participar plenamente en la vida santa y permitir que Dios los guíe en obras de justicia venciendo el mal con el bien. Sin embargo, hay muchas personas que dicen ser cristianos (como Cristo), que no viven de acuerdo a la santidad de Dios, ni tratar de seguir la dirección del Espíritu Santo. Estas mismas personas le dirán que ellos están seguros de que van al cielo cuando mueren. Esta forma de pensar es totalmente contrario a la Palabra de Dios. Dios no enseña *en ninguna parte de la Escritura* que personas pueden venir a él en sus términos, recogen un pase al cielo, viven como quieren, ignoran las batallas que van en torno a ellos, mueren físicamente, y Jesús hay que escoltar a ellos en el espiritu al Cielo. No es cierto; es una mentira.

Entonces, *¿por qué* tantas personas hoy en día hacer algún tipo de profesión de fe diciendo que ellos confían en Dios y tampoco fueron bautizados como un bebé o después de profesaron a Cristo como salvador y nunca experimentaron la nueva creación "en Cristo" (2 Cor 5:17)? En realidad, sin un verdadero compromiso *de seguir a Jesucristo*, no habrá nacimiento espiritual en la familia de Dios, ni que corresponde nueva creación.

Satanás ha vendido al mundo uno de sus mentiras más grandes desde el comienzo de la Creación . **Hoy en día, hay muchos que creen que la salvación no es más que obteniendo un pase al cielo para utilizar cuando mueren.** Esta mentira hace que las personas piensan que tienen que esperar hasta que lleguen al cielo para cualquier cosa que ser mejor. *¡Que mentira!* La santificación, siendo moldeada y formada por Dios, y las buenas obras se inicia de inmediato para todos los que verdaderamente se inicia el seguimiento de Jesús (Rom 6:22).

Hoy en día, el más grande mentira de Satanás, que está siendo difundida por muchos, es tan mala o peor que la mentira perpetúa en el Edad Media que causaron una reforma importante entre los cristianos. En ese momento, Satanás había perpetuado la mentira dentro de una parte de la Iglesia procedente de una mala interpretación de la Escritura--Mt 16:17-19. La mentira de Satanás engañó a muchos a pensar que podría pagar a los funcionarios de la iglesia para el perdón de los pecados por sí mismos y / o los fallecidos, con lo que dan los amó. Ellos dieron dinero creyendo los fallecidos pasaría del purgatorio (Seol) y Dios les permitiría vivir con Dios en el Cielo.

Esta *nueva mentira*, que está siendo propagado por muchos proclamando *que todo el mundo puede recoger un pase al cielo confesando sus pecados* y reclamando a Jesús como su salvador sin siguiendo *a Jesús como Señor*, está obstaculizando muchos de considerando un auténtico compromiso de seguir a Jesucristo. Es sólo a través de un cambio de corazón lejos del egoísmo y hacer una elección seguir a Jesús (arrepentimiento) que uno se salva del juicio como un pecador y espiritualmente nace en la familia de Dios.*La renovación espiritual sólo viene de Dios de acuerdo a su voluntad y sus reglas* (Jn 1:13; 2 Pe 3:9). A través del nacimiento espiritual en la familia de Dios viene la eliminación del pecado y el crecimiento en Dios justicia. La Palabra de Dios es clara, si los individuos no hacen compromisos verdaderos para seguir a Jesús, *ellos no pueden ser sus discípulos* (Lc 14:26-27; Mt 10:38). Sin hacer un verdadero compromiso de seguir a Jesús, no hay un nacimiento espiritual en la eterna santa familia intima de Dios. El Cielo está abierto sólo a los hijos de Dios, su fiel ángeles, y Sus seres celestes (Ap 21:7-8, 27).

La mentira contemporánea de Satanas es peor que su primera mentira a Eva en el sentido de que su decisión no la condenó y el resto del mundo eternamente, pero la mentira actual de Satanás tiene consecuencias eternas para aquellos que escuchan a él en lugar de Dios. La distorsión de la verdad por Satanás ha dado *a muchos una falsa sensación de seguridad eterna*, y por lo tanto muchos de los que son aún asistentes regulares de la iglesia están viviendo como el resto del mundo y no seguir activamente Cristo.

Cuando aquellos que no asisten a la iglesia regularmente miran a muchas de nuestras iglesias contemporáneas, ellos no ven un testigo santo donde el amor de Dios está trabajando entre el pueblo de Dios. Por lo tanto, estamos sufriendo de un doble golpe de la mentira presente de Satanas:

El Despertar Espiritual: el Venir a Nuestros Sentidos 79

(1) muchos quien ir a la iglesia *no son ni salvan ni creciendo espiritualmente*; y

(2) muchos fuera de las iglesias locales tienen ningún deseo de conocer a Dios porque el cristianismo parece ser un club social donde las personas se ayudan unos a otros se sienten justificados delante de Dios a través de asociación, pero no están más preocupados por los demás más que cualquier otra persona.

¡Esta actividad impíos se está rompiendo el corazón de Dios! Es un terrible testimonio contra Dios desde muchos que están demandando a Cristo como su salvador. Este gran mentira por Satanás se perpetúa cada vez más en nuestro mundo contemporáneo dando muchos una falsa esperanza de que todo el mundo va al Cielo. Esta actividad impía *está corrompiendo el Mensaje del Evangelio de Dios de tal manera que la gente no se anima a encontrar una vía de salida de la amplia carretera que conduce a la destrucción.* Está causando a muchos a vivir sus vidas en un estado vacío en lugar de ser nacido del Espíritu y unirse a Dios en Su creación continua.

Dios Está Trabajando

Parte del mensaje del Evangelio es que Dios siempre está trabajando para ayudar a todos a comprender la realidad del mundo espiritual, así como el mundo físico. Todo el mundo percibe tanto a través de lo que ven en el mundo físico a través de una perspectiva rota de pecado(Rom 1:18-22; 2:11-16; Jn 3:19-20), pero es sólo a través de una disposición a escuchar al Creador que cualquier persona puede tener la abilidad empezar a entender lo espiritual (Jn 3:21; Hech 22:14; 1 Cor 2:10, 16). A través de ese entendimiento, una persona también es capaz de comprender mejor el mundo físico. Es triste que para la mayoría, Dios tiene que permitir que sucedan cosas malas con el fin de obtener su atención. Parece que cuando las cosas van bien no tenemos el tiempo ni deseo de escuchar a Dios, incluso cuando no estamos experimentando el tipo de vida plena que Dios desea para nosotros (Ap 3:17-18). Sin embargo, Dios permanece persistentemente

Experimentar la Alegría de Jesús a través de Discipulado Obediente

trabajar con todos para despertar a los que escuchan. El Espíritu Santo está siempre trabajando activamente en los corazones y las mentes de todos para enseñar Su realidad (Rom 2:11-16; Jn 16:8-11). A veces Dios nos llama la atención durante momentos de tranquilidad, a veces a través de eventos milagrosos, a veces a través de tragedias incluyendo experiencia cercana a la muerte, y en muchos casos a través de las experiencias cotidianas.

Job es un buen ejemplo de este tipo de pensamiento. Job era un hombre justo respetado por Dios (Job 1:1, 8), pero no sabía bien a Dios. Además, a pesar de que Job era un hombre recto delante de Dios, él-como el resto de la creación, no llegó a hacer la voluntad de Dios a la perfección (Rom 3:23). Dios permitió que Satanás atormentar a Job a través del ensayo después del juicio (Job 30:25-31). Cuando era el momento adecuado y Job había elogiado su propia justicia lo suficiente (Job 27:6), Dios se presentó de una manera muy personal y trajo a Job hasta el punto de reconocer su propio pecado. Como Isaías (Is 6:1-7), cuando Job se dio cuenta de que tenia pecado en su vida (justicia propia), Job se arrepintió y comprometido a seguir los caminos de Dios más plenamente (Job 38:1–40:4–42:6). En muchos sentidos, aunque nuestras pruebas normalmente no son tan graves como Job, nuestras luchas de la vida son similares y Dios los usa para construir nuestro carácter tal como lo hizo con Job-si escuchamos (Rom 5:3-5).

Aunque las fuerzas espirituales en el trabajo que nos rodea no pueden ser observados a través de nuestros sentidos físicos solamente, algo de esta maldad es discernible a través de la iluminación de Dios. Si no permitimos que Dios trabaje con nosotros e iluminar la realidad de los mundos físico y espiritual coexistentes, seguimos siendo ignorantes de las batallas espirituales que rabian que nos rodea como Satanás lucha para destruir las almas de cada persona. Es de vital importancia para que todos puedan presentar todo corazón al señorío del Creador. Esto le da permiso a Dios para entrenar y capacitar a cada uno para ser parte de Su eterna santa familia.

La gran batalla espiritual que cada individuo tiene que enfrentar es decidir si él o ella va a permitir que Dios despertarlos del estado de sueño en el que él o ella vive. En

El Despertar Espiritual: el Venir a Nuestros Sentidos   81

realidad, lo que normalmente se siente más seguro y más cómodo para permanecer en este estado de ensueño que despiertan. Este estado es algo así como un estado alterado de conciencia en el que cada individuo ha encontrado un lugar familiar dentro de un cierto grupo de amigos y actividades para evitar el desconocido, sea bueno o malo. Podría compararse a un adicto a la heroína que se escapa de su dolor físico y emocional de este mundo. Una vez que alguien ha estado en la heroína por un tiempo, él o ella es adicta a, y depende de ese estado adormecido; despertar a un mundo sin la heroína es muy incómodo mental y físicamente como el cuerpo tiene que adaptarse de nuevo a la sensación.

Permitiendo a Dios que nos despiertan a la realidad del mundo espiritual existente que impregna e influye en nuestro mundo físico puede ser tan traumático como abandonando una vida llena de las drogas. Dios constantemente trabaja con nosotros para despertarnos a la realidad de nuestro espiritual, así como nuestro mundo físico y las consecuencias de nuestras decisiones.

En nuestro mundo físico, las diversas formas de ocupaciones son los peores barreras para la comprensión de Dios y el mundo espiritual en el que vivimos. El rey Salomón es un buen ejemplo de ello. Como un rey, era muy inteligente desde la perspectiva del mundo y lo hizo bien: él construyó sus ciudades y ejércitos con el fin de protegerse a sí mismo y su pueblo del mundo que les rodea (1 Re 4:20-28; 10:14-29; Ecl 2:1-10), pero Salomón no lograron construir su fuerza espiritual personal y nacional (1 Re 11:1-13). Al final de su vida, se dio cuenta de que su ajetreo en el mundo físico no era muy importante cuando se considera a la luz de la eternidad. Se dio cuenta muy tarde en la vida que la parte más importante de la vida de nadie era a respetar a Dios y permitirle a Dios desarrollarlo a él y conseguir todos los que escucharian a un lugar de odiando el mal y amándo a Dios (Ecl 3:14; 12:13-14).

Para aquellos que escuchan, Dios les inicia en un camino dentro de un mundo mucho más grande que ellos dieron cuenta por primera vez. Los que permiten Dios para despertar ellos comienza a hacer realidad una necesidad de reevaluar su estilo de vida anterior y realizan los cambios necesarios a fin de realizar una correcta relación con Dios y los demás. Su conciencia del mundo real empieza a pasar de uno que había sido muy centrado en sí mismo a uno que se convierte cada vez más en sintonía con Dios,

Experimentar la Alegría de Jesús
a través de Discipulado Obediente

Sus normas, y Su creación. Dios está trayendo el mayor número posible en la alineación con Su naturaleza santa productoras de una vida eterna para aquellos que escuchan, uno que es lleno de amor, alegría, paz interior, y la emoción.

Para todos los que Dios permite para despertar de mundos egoismos personales delirantes y comienzan a aprender y obedientemente confiar en el Creador del universo, finalmente llegan al punto de darse cuenta de que:

(1) la vida es verdaderamente eterna para todos con buena o mala consecuencias eternas dependiendo de lo seleccionado durante esta parte fisica de la eternidad;
(2) aquellos, que la escucha obediente a Dios durante esta parte del eternidad, será transformado en perfeccionado sin pecado individuos en la imagen moral de Cristo; y
(3) personas que escucha obedientemente a Dios viviremos con él; y los otros hijos perfectos de Dios para siempre en el Cielo en Su eterna santa familia intima y van a experimentar el amor, la alegría, y la paz interior de Dios para siempre.

Una Vez que Nace para Morir

Del mismo modo que se determina (designado) para que los hombres mueren una vez, y después de esto el juicio. . . . Hebreos 9:27

Hace mucho tiempo, había un rey que quiso Dios que le ayude a recordar que él tenía un tiempo limitado para vivir su vida física. Sería de gran ayuda a mantenerse enfocado en lo que era importante en la vida (Sal 39:4-5). Como todos nosotros, el rey David sabía que tenía una limitada tiempo para vivir esta parte de la eternidad. David quería mantener una perspectiva apropiada con respecto a su tiempo limitado con el fin de vivir en esta vida de una manera que era agradable a su Creador (Sal 103:33-105:5).

Desde el momento en que cualquier persona se concibe físicamente, él o ella tiene una existencia eterna. Luego, Dios

El Despertar Espiritual: el Venir a Nuestros Sentidos 83

comienza cambiar de los que esta escuchando a Él haciendolos miembros de la familia santa en Su reino como eternos largo de esta etapa física de su vida eterna continua. La creación está en proceso y Dios continuará unir a las personas en Su familia eterna hasta el último día del reino de mil años de Jesús. Durante este tiempo, todo el mundo tiene la capacidad de recibir el don del Espíritu y la vida eterna a través de la sumisión a Dios y su Espiritu Santo. Si los individuos anda en los caminos de Dios (santidad) y seguir la dirección del Espíritu Santo, ellos van a nacer una segunda vez. Este momento en que nacen en la familia eterna de Dios a través de la morada eterna del Espíritu Santo dentro de ellos (Jn 3:1-8; Ef 1:13-14; 1 Jn 4:7).

En la Escritura, escritores sagrados han utilizado varios términos tales como "la llamada, elección o elecciones" de Dios para denotar aquellos que han nacido de Dios, debido a su sumisión a él. Es el amor de Dios que atrae a muchos a Él. La Palabra de Dios también deja claro que nadie está autorizado a llevar testigos de caracteres delante de Jesús para hablar en su Su gran nombre en el Juicio del Trono Blanco. Él tiene perfecto conocimiento de los motivos internos de cada uno y las acciones realizadas y expone todo para toda la Creación (Lc 8:17; Ap 20:11-15; cf. 2 Tes 2:10).

Nacido en el Pecado por el Camino Ancho que Lleva a la Destrucción

Ya que consideramos la creación de Dios, podemos hacer unos pocos observaciones:

(1) todo el mundo fue creado como un ser eterno y sin tener una voz en el asunto;
(2) cada persona distinta a Adán y Eva nació en una mundo corrompido por el pecado viajando a través de la vida en la gran camino de la destrucción con caracteres empañado; y
(3) todos los que quieren vivir con Dios como parte de su eterna santa familia intima, debe presentar a su señorío.

Experimentar la Alegría de Jesús
a través de Discipulado Obediente

¿Entonces considerando cómo dañado somos, por qué alguien desea servir a Dios y acceptar el señorío de Dios sobre sus vidas?

Dios nos dice que no amen al caido mundo corrompido ni las diversas formas del mundo, porque no son de él (1 Jn 2:15), y que no durará (2 Pe 3:7-13; 22:1). Él describe los caminos del mundo como basado en el egocentrismo frente a una amor centrada en Dios para todos. La Palabra de Dios es clara: un estilo de vida centrado en sí mismo conduce al dolor y el sufrimiento eterno, pero para aquellos *que están dispuestos* a vivir según la voluntad y los caminos de Dios, hay vida eterna con Dios y la paz y la alegría interior que se inicia inmediatamente (Rom 6:22).

Vamos a echar un vistazo más profundo en el hijo pródigo. Cuando miramos a la enseñanza de Cristo sobre un padre cariñoso que tiene *dos* hijos egocéntricos (Lc 15:1-2, 11-32), observamos un par de puntos importantes:

> (1) el padre carinoso trabajó duro para mantener a su familia y los trabajadores. No llegó a vivir en el momento, sino que vivió su vida basada en el amor verdadero de una manera tal que se beneficiaria a otros, en el largo plazo;
> (2) *el hijo menor* abiertamente rebelde no estaba preocupado con los demás ni el futuro. Cuando se convirtió en la edad suficiente para estar solo, salió de casa para vivir su vida de una manera tal experimentar como mucho los placeres mundanos de lo posible no teniendo en cuenta la forma en que afectaría a su futura; y
> (3) **el segundo hijo,** que también se destacó en la historia de Jesús, demostró un cierto grado de fidelidad a su padre por quedarse en casa y ayudar a mantener su tierra, pero *este hijo era tan lejos de Dios como el hijo más joven* debido a su falta de amor genuino por los demás, especialmente a su hermano perdido.

En realidad, la historia de Jesús se cierra con dos hijos perdidos, que han experimentado el amor de sus padre biológico y que todavía no habían permitido que Dios crezca verdadero amor dentro de ellos. Un hijo llegó a casa arrepentido debido a lo que su padre tenía que ofrecer, y el otro que se quedó en casa vivía

El Despertar Espiritual: el Venir a Nuestros Sentidos 85

legalmente dentro de los criterios morales de su padre, pero no desde el corazón.

Cuando Jesús cerró esta historia, no dijo si cualquiera de los dos hijos tenía un genuino amor por su padre u otros. Es posible que con el tiempo tanto de experimentaron circunstancias totalmente diferentes y llegaría al lugar de permitir a Dios enseñarlos a amar a los demás de acuerdo a Sus normas. Si no fuera así, ellos no estaría permitido en la familia eterna de Dios. Permitiendo que Dios dirigir y enseñar a cada uno de nosotros que lo amemos más y más y otras personas más y más es crucial de convertirse en parte de Su eterna santa familia intima (Mt 5:43-48; 22:37-40; Lc 10:30-37).

Si tenemos en cuenta la historia de Jesús, es importante tomar en cuenta que Jesús está hablando a los fariseos (Lc 15:1-2). Los fariseos son conocidos por ser moralmente bueno y se puede comparar con muchos de nuestros miembros de la iglesia contemporánea. Muchos miembros de la iglesia hoy en día tienen las buenas costumbres, pero se carece de una verdadera preocupación por los demás. Es una cosa buena y noble que seguir las leyes morales de Dios fielmente, pero sin verdadero amor y preocupación por los demás, uno no se encuentra lo que es más importante (1 Cor 13:1-8).

¿Cuántos de nosotros, que van a la iglesia con regularidad y tratar de seguir los mandamientos de Dios en general, no tienen verdadera compasión por los perdidos? En realidad, los estilos de vida de ambos hijos eran malos, y los que siguen cualquiera de los dos no tienen lugar en la eterna santa familia de Dios. Si no tenemos un amor genuino por los demás, vamos a pedirle a Dios para revelar el engaño de Satanás y nuestros propios deseos egocéntricos para que podamos tomar una decisión sincera volverse a Dios y aprender a amar más plenamente. Nadie es realmente una parte de la familia de Dios a menos que él o ella está permitiendo a Dios para moldear y dar forma a su imagen en una similar a su (Mt 5:3-12; Gál 5:22-23).

Jesús nos hace vívidamente consciente de que la capacidad de conocer el bien y hacer el bien sólo viene de nuestro Padre Celestial (Mt 19:17; Lc 18:19; Jn 20:17). Él es el único que es bueno y todo bondad fluye de Él. Por lo tanto, necesitamos el Creador para ayudar a evaluar nuestros motivos para todo lo que hacemos. En cualquier momento que consciente o inconscientemente colocamos nosotros mismos, nuestras familias, u otras organizaciones por encima de los demás, nosotros no vemos el mundo como Dios manda.

El camino de la vida y las normas de Dios son muy superiores a las de los humanos, pero son gratificantes. La única manera de realizar cualquier verdadero amor de Dios, que produce paz y alegría interior, es vivir nuestras vidas escucha de Dios y vivir de acuerdo con Sus normas. Él es digno de nuestra sumisión a Él como señor debido a su gran amor y preocupación por nosotros. Dios nos quiere vivir una buena vida y ayudamos a todos los que escuchan y quieren aprender a amar como ama (Jn 13:34; 15:10-13).

La Justicia de Dios

Pero ahora, aparte de la Ley, la justicia de Dios ha sido manifestadaa, confirmada por la Ley y los Profetas. Esta justicia de Dios por medio de la fea en Jesucristo es para todos los que creen. Porque no hay distinción, por cuanto todos pecarona y no alcanzan la gloria de Dios. Todos son justificados gratuitamente por Su gracia por medio de la redención que es en Cristo Jesús.   Rom 3:21-24

La Consecuencia del Pecado

Dios nos enseña a través de Pablo que la ley era débil en cuenta de la carne, nuestra naturaleza caída centrado en sí mismo (Rom 8:3). En otras palabras, nuestros deseos egoístas son a veces capaces de anular los deseos espirituales sagrados que Dios implanta en nuestros corazones que resulta en pecado y la muerte consecuente. La Escritura nos enseña claramente que la recompensa real de pecado, cualquier acto que desobedece las instrucciones de Dios para la vida, es la muerte, la separación de Dios y Su eterna familia. Hemos sido creados para ser parte de la familia de Dios, pero a causa del pecado, estamos separados de esa misma familia eterna.

Durante los días de Moisés, Dios enseñó a los que le seguiría a que tenían que vivir una vida santa: vidas que eran distintos y separados de los que no estaban caminando en sus caminos. Israel accedió a seguir a Dios y fue designado para que sea una nación santa se manifiesta la verdadera naturaleza humanitaria de Dios a todo el mundo (Ex 19:5-6). Debían ser una luz para el mundo al igual que los seguidores de Cristo son hoy en día. Dios no permite que el pecado de perturbar su vida santa. Por lo tanto, Él no permitirá el pecado existir en los que optar por vivir en Su presencia eterna. Dios con Su naturaleza justa no permite la coexistencia del bien y el mal en su presencia inmediata. Es por eso que la Escritura nos enseña una y otra vez que Dios es santo y exige que nosotros, Su creamos niños, ser santidad (Lv 19:1-2; 1 Pe 1:14-19).

Todos Están Pecando

Debido a que nuestro Padre Celestial es santo y no permite el pecado existir en las proximidades de Él, Pablo declaró enfáticamente que "¡la paga del pecado es muerte [Rom 6:23]!" En el momento en que se había encontrado con el Señor resucitado y caminado bajo la dirección del Espíritu Santo durante varios años, Pablo también declaró enfáticamente que "todos pecaron, y están por debajo de la Gloria de Dios [Rom 3:23]." Este fue un cambio de pensar por Pablo, que en sus primeros años creyo junto con muchos de sus compatriotas que pudieran vivir sus vidas con celo de Dios siguiendo las directrices de la Ley y ser salvado sin la obra expiatoria del Mesías sufriente (Is 52:13-53:12; Rom 9:30-10:4). El autor de Hebreos hizo la declaración en negrilla que la sangre de toros y machos cabríos había venido señalando a lo que el Hijo de Dios iba a hacer y que el pecado no había sido retirado por esos sacrificios; se elimina a través de Cristo solamente (Heb 9:23-10:14).

Después de su encuentro con el Señor resucitado, Pablo llegó a entender que él y sus compatriotas celosos realmente no había comprendido la necesidad de Dios de realizar tan costoso un milagro, derivada de su justicia para quitar el pecado de sus vidas (Rom 1:16-17; Flp 3:4-11; 2 Cor 5:21). En la economía de Dios, el pecado tuvo que ser retirado como las células cancerosas malas, el pecado no podría simplemente ser cubierto. Cuando empezamos a entender cuán justo es realmente Dios y lo pecador que realmente somos, podemos hacer de esto algo personal al unirse a Isaías y diciendo con él, "¡Ay de mí, porque he estado de corte (de Dios) porque yo soy un hombre de labios impuros . . . (Lo sé porque) mis ojos han visto al Rey, YHWH (que es líder) de los Ejércitos Celestiales (que es santo, santo, santo) [Is 6:3-5] ".

Un Problema Real

Pues bien, a medida que empezamos a comprender que Dios no permite cualquier persona con cualquier pecado en su presencia eterna, comenzamos a entender que tenemos un problema real. El pecado causa la separación de Dios (Is 59:1-8; Rom 6:23). Empezamos a comprender que Dios es santa y que Él no permitirá que *cualquier* individuo que está pecando de entrar en su presencia eterna porque *el pecado no es aceptable*. Es como el cáncer. Si no se controla que traerá la muerte de relaciones santas y separarnos nuestra relación con Dios. Sin embargo, sabemos que Dios nos ha creado para estar con Él en Su presencia como miembros de Su intima familia santa por la eternidad. Además, nos damos cuenta de que aunque Dios nos dio la Ley escrita por Moisés como uno de sus muchos actos de gracia, ni la Ley ni nuestra obediencia ha salvado nadie debido a *nuestra incapacidad* vivir las exigencias de la ley perfectamente.

Para vivir en la presencia inmediata de Dios, *no* debe existir el pecado con su consiguiente destrucción de relaciones perfectas. *Nos encontramos cara a cara con la realidad de que sin la ayuda de Dios, a todos nos enfrentar la segunda muerte se habla en Apocalipsis 20:11-15* (cf. Gál 3:24). Sin la intervención de Dios, todos estaríamos separados de Él por la eternidad. Sin Su ayuda, a nadie se le permitió vivir con Él como un miembro de la familia eterna, íntima. No habría no paz eterna para nadie con el pecado.

Justificación: Requisito Previo de Ser Santa como Dios

Al reflexionar sobre el acto de justicia suprema del amor de Dios por nosotros, la muerte de su Ungido, el Mesías, Jesús, nos damos cuenta de que, aunque el Padre sufrió una gran agonía a traves el rechazo y la muerte de Su hijo, ambos sabían que estaban haciendo la única acto posible para nosotros ser reconciliados con ellos para siempre. La muerte de Dios era necesario quitar todo el pecado de los que aprenderia a confiar en Él (Jn 3:14-15; cf. Is 53; 2 Cor 5:21). En la economía de Dios, tenía que haber castigo por transgresiones contra los demas, contra a Dios, y contra Su Ley. El pago debía hacerse tal manera que todo pecado fue eternamente erradicada. Si alguna de la creación de Dios iba a vivir con él, *ellos necesitarian ser justos y sin pecado, fue necesario; no era opcional* (Jn 3:14-17; 2 Cor 5:21).

Cuando alguien empieza a tomar conciencia de la santidad de Dios y de su propia maldad, puede haber un deseo personal para limpiar su vida pecaminoso antes de someterse a Dios. El problema es que sin la ayuda de Dios, nadie es capaz a través de su propia pecado fuerza corrompida para alcanzar la santidad *perfecta*. Es por ello que nuestro Padre Celestial tomó el asunto en sus propias manos y proporcionó un camino a través de la muerte de su Hijo para quitar nuestros pecados y renovar nuestro carácter de acuerdo a su santo semejanza. Es un trabajo justo de Dios (Rom 1:16-17), no la nuestra, que en última instancia tiene la capacidad de transformarnos en seres sagrados adecuados para vivir con Él y con los demás en Su Reino Celestial. A través del milagro de la muerte de Jesús en la Cruz, *los pecados de Sus seguidores se han eliminado y ellos se les ha dado la justicia de Dios a cambio* (2 Cor 5:17; 1 Pe 2:24).

Yo personalmente he visto muchos personas rechazan continuamente para muchos años la invitación de Dios en su familia, porque querían que esperar hasta que tuvieron sus vidas más en sintonía con su santidad. Sé que nadie quien es capaz de enderezar su vida lo suficiente como para acercarse a Dios sin arrepentimiento. La buena noticia es que nadie tiene que hacerlo. Dios solo quiere que ellos desean de vivir una vida santa y hacer un compromiso de seguirlo y sus caminos. Se hace el resto. *Dios*

Experimentar la Alegría de Jesús a través de Discipulado Obediente

es quien nos cambia y nos da poder para que podamos empezar a vivir una vida santa en el aquí-y-ahora como nos sometemos a El (Hech 1:8; Rom 8:14; Gál 5:22-23).

Con esto en mente, vamos a captar de nuevo el significado de estando hijos reconciliados como se describe en Romanos 8:28-30. Nuestro Padre Celestial nos está diciendo que si aprendemos a lo aman a causa de su gran amor por nosotros:

> (1) Estamos **llamados** (elegido) debido a nuestro amor responsivo, y en ese llamado, Dios nos ayudará a madurar más y más a la imagen de Jesús con su nivel de pura gracia y la justicia (St 1:12);
> (2) we are **justified:** our sins are removed through a great miraculous work of God, who accepted our sins as His sins, and in exchange for our sins, He has given us His righteousness (cf. Rom 3:21–28; Gál 3:13; 2 Cor 5:17–21); and
> (3) Seremos **glorificados** con el Padre, y el Padre nos dará el mismo derecho de nacimiento y el mismo carácter como Jesús (cf. Jn 17:23, 26; Rom 8:14-17; 1 Jn 3:1-2).

A medida que aprendemos a amar, confiar y obedecer a Jesús, comenzamos a estar de pie en las promesas de nuestro Padre. Mientras caminamos con Dios, comenzamos a desarrollar un fideicomiso para Su plan perfecto para una familia santa y la paz correspondiente de la familia y empezar a mirar hacia adelante para el día en que nos estarán en el cielo con Él. Al unirnos a Dios en su gran trabajo y le permitiendo desarrollar con nosotros a través del tiempo, nos damos cuenta de que no vamos a llegar a la perfección durante esta parte de nuestra vida eterna, *pero confiamos en Dios para completar nuestra transformación* (Fil 1:6). Como Dios continuamente se ablanda nuestro corazón, nos volvemos más y más compasiva hacia los demás. Nos sentimos muy tranquilos al saber que en un futuro no muy lejano, tendremos nuestros pecados totalmente eliminado, seremos conformados perfectamente a la imagen moral de Cristo (Rom 8:29; 1 Jn 3:1-2), y vamos a entrar en la presencia inmediata de Dios, donde no habrá más dolor ni la tristeza (Ap 21:1-7).

El Despertar Espiritual: El Venir a Nuestros Sentidos

> . . . hubo una gran hambruna. . . y deseaba comer hasta saciarse. . . y volviendo en sí (los sentidos). . . y que surge, se fue a su padre.   Lucas 15:14-20

¿Alguna vez sentiste que Dios había sido o actualmente es y te dice: "Levántate mi amor"? Dios está pidiendo constantemente a las personas y las naciones se despierten, comprendan las consecuencias del pecado, y comienzan a vivir una vida santa con Él (Is 60:1-3). En tiempos de Jesús como en cada época, la mayoría de la gente se queda ocupado construyendo sus propias relaciones y haciendas, pero demasiado ajetreo es contraproducente en desarrollo de relaciones con el Creador y otras personas. Como hemos comentado anteriormente, si se trata de distracciones tecnológicas, en general entretenimiento, perversiones, las relaciones pervertidas, trabajo, o simplemente ocupaciones en general, no se debe permitir que el ajetreo y hágalos a partir de la escucha de Dios. A través de la obra del Espíritu Santo y el liderazgo de Jesús, Dios usa a sus fieles las personas de todas las generaciones para despertar a aquellos que están dormitando espiritualmente a través de personal de contacto y todos los tipos de medios, incluyendo folletos, revistas, libros, radio, televisión, correo-e, i-Pods, i-Pads, y la lista sigue y sigue incesantemente. Dios también utiliza las crisis personales y otros acontecimientos de la vida de cada persona, ya sea a atraer a la gente a Él o fortalecer aquellos ya se han comprometido a siguiendo a Dios.

Inicialmente, la mayoría de la gente no escucha a lo que Dios está diciendo. Ellos sólo piden a Dios en el cumplimiento de sus deseos infantiles y egocéntricos. En realidad, Ellos no tienen ningun la comprensión de Dios, y ellos consideran a Dios como un genio magico en una botella que tiene la capacidad de cumplir todos sus deseos. Es a través del trabajo de Dios con todo el mundo que Él es finalmente capaz de llevar algunas personas a un lugar donde ellos realmente empiezan a cuidarse a Dios y sus vecinos (Mt 22:37-40).

Experimentar la Alegría de Jesús
a través de Discipulado Obediente

A pesar de que la gente se pregunta constantemente a Dios por los favores, muchos en realidad no empieza a escuchar al Creador a menos que algo malo está pasando en sus vidas como lo fue para el hijo rebelde retratado en Lucas 15:14-20. Muchas personas no se vuelven a Dios a menos que exista una necesidad especial en sus vidas. Dios toma estas oportunidades para reveler Él mismo y enseñan la importancia de preocuparse por los demás. Mientras Él tiene la atención de las personas en los momentos difíciles, Dios trabaja en sus vidas mostrándoles una verdadera necesidad para ayuda más allá de sus actuales circunstancias. Dios Les muestra la cantidad que necesitan ayuda para convertirse en miembros que cuidan de su sociedad eterna, su necesidad de la eliminación del pecado, y cómo a través de su gran amor, Él ha provisto un camino a través de Jesucristo para cada persona a ser un parte perfecto de su santa familia (Jn 17:23; 20:17; Ef 4:1-6; Ap 21:3).

Para los que empiezan a escuchar más allá de sus preocupaciones inmediatas, Dios comienza guiarlos fuera de la amplia carretera que conduce a la destrucción y en Sus calles estrechas individuales con él. Estos caminos estrechos han sido asignados no sólo para llevar a los seguidores de Cristo a la vida eterna, sino para guiarlos en ayudar a otros a conocerlo también. Dios se queda constantemente a sus lados pidiéndoles que permitirle a El sea más plenamente participando en sus vidas (Ap 3:20).

Además de lo que Dios enseña a todo el mundo a través de Su creación como se ilumina Su Espíritu Santo (Rom 1:18-32; 2:11-16), Él le preguntará a todos los que están dispuestos aprender más acerca de Él a través de la lectura de Su Palabra (Dt 4:1; 30:15-16; Sal 103:17-18; 119:5-12). También pide a aquellos que no están comprometidos con él. Dios ha inspirado cada uno de los escritores de su Palabra y que beneficia a todos los que escuchan (2 Tim 3:16-17). El Espíritu Santo *les enseñará los que tienen un auténtico deseo de hacer lo que Dios desea*, y con el tiempo ellos llegará a conocer la realidad de Jesucristo y su obra de salvación (1 Jn 2:27; Jn 7:17).

Si usted tiene un deseo saber más acerca de Dios o ud ha hecho el compromiso de seguir a Cristo, ud debe leer la Palabra de

El Despertar Espiritual: el Venir a Nuestros Sentidos 93

Dios sobre una base regular, y ud debe permitir a Dios enseñarte la realidad del mundo, ambos el mundo fisico y espiritual. Si ud escucha y aprende de Dios ud será libere del egocentrismo y el pecado que es el hermano de egocentrismo. Jesús promete que los quien viven en Su Palabra (leyendolo y viviendolo) conocerá Su realidad y serán liberados del pecado a traves de su relacion con El (Jn 8:31-36).

Es importante *permitir a Dios que le enseñe de su Palabra en vez de hacer lo que muchos hacen: Ellos leen en su Palabra lo que otros han dicho o ellos leen la Palabra para que adaptarlo a sus estilos de vida pecaminosos*. Muchos, que en realidad no quieren vivir una vida santa y siga Dios, ya sea consciente o inconscientemente lee en la Biblia lo que ellos quieren decirlo, y ignoran las partes que no se pueden hacer para adaptarse a sus deseos para la vida, y en general no permiten que la Palabra de Dios para dar forma a sus vidas.

Este es el punto principal, *a causa del pecado de Adán y Eva todo el mundo comienza su vida como persona centrada en sí misma que tiene deseos egoístas. Empezamos pensando sólo en nuestras necesidades y perhpas las necesidades de nuestra familia, y nos muestran poca preocupación por las necesidades y el bienestar de los otros - nuestros vecinos*. Todos empezamos la vida como un niño cuyos ojos están cubiertos a la verdad, como un caballo con anteojeras, y que no se ve plenamente las consecuencias de nuestros motivos y acciones egoístas. Cuando Dios nos da momentos divinos de despertar y lucidez, se quita la ceguera; y tenemos que decidir si vamos a escuchar a Dios y seguir sus caminos y su guía o si vamos a permanecer en nuestra egoísta, estado inferior con el fin de satisfacer nuestra propia voluntad y nuestros propios deseos.

Durante esos momentos de lucidez, todo el mundo tiene que pasar por una lucha interna para decidir si o no ellos están dispuestos a renunciar a los placeres mundanos temporales. Es durante estos momentos de lucidez que los individuos darse cuenta de que Dios tiene una vida mejor para ellos si están dispuestos a convertirse en parte de su santa familia en lugar de insistir en tener las cosas a su manera. Muchas personas, que permanecen centrados en sí mismos, pronto vuelven a una vida inferior, familiar, poco satisfactorio y se convierten de nuevo en auto-absorción pronto olvidando la vida mejor que Dios les ha mostrado (St 1:23-24; Ap 3:15-20).

Sin embargo, los seguidores verdaderos de Jesús están siendo transformados (2 Cor 5:17; Gál 5:22-23), y están aprendiendo a amar a los demás como Dios ama a todos (1 Jn 3:14; 4:16-19). Cuando ellos mueren físicamente, *que no necesitan un pase* al Cielo de cualquier persona incluyendo líderes de la iglesia, ya que son los hijos de Dios. El Cielo es para Dios y todos sus hijos (Jn 14:1-3; 17:24; 20:17; Rom 8:17). Cuando ellos mueren físicamente, Jesús va a reunirse con ellos cuando salen de sus cuerpos y los acompañan a ellos a la presencia de su Padre Eterna (Jn 14:3; 1 Jn 3:1-2; Ap 21:3).

7

Experimentar Discipulado Obediente

Jesús enseñó que *la comprensión de todos de Dios y su obra expiatoria para cada persona en el mundo es limitado a menos que tienen un deseo de hacer su voluntad* (Jn 7:17). Al considerar el amor de nuestro Padre Celestial, ¿tiene un genuino deseo de seguirlo a El? Jesús lo hace. Jesús dijo que hacer la voluntad de su Padre es lo que sustenta Él incluso más que la comida (Jn 4:34). No habia pecado en su vida; Jesús se centró en complacer a Su Padre Celestial (Jn 4:34; 8:29). Debemos hacer lo mismo. Si permitimos que Dios nos muestre nuestro pecado, y luego lo confesamos delante de él, él nos limpia del pecado que nos permite devolverle Su amor y crecer en nuestro amor por nuestros vecinos (1 Jn 1:9). Al igual que Jesús, si el pecado es retirado de nuestras vidas, estaremos encantados de obedecer a Dios y aprender a amarnos unos a otros (1 Jn 3:23; 4:7-19; 5:3). Considere Isaías, quien después de ver la naturaleza santa de Dios (Su gloria) y su propia pecaminosa naturaleza caída volvió a Dios en busca de ayuda. Después de que Dios quitó el pecado de Isaias, Isaías inmediatamente quiso hacer la voluntad de Dios y se ofreció para hacer una tarea muy difícil como profeta, proclamando el próximo destrucción inminente de sus campatriotas (Is 6:1-13). Es claro en las Escrituras que nuestra relación con nuestro Padre Celestial y Jesús depende de nuestro nivel de deseo de hacer su voluntad (Mt 12:49-50). Si nos limitaremos a volverse a Dios con la mente abierta y el corazón y empezamos a estudiar y actuar en su Palabra (Jn 8:31-32), vamos a empezar a ver Su amorosa naturaleza gloriosa. Conocer a Dios más plenamente debería ayudarnos quieren seguir Su liderazgo cuidado.

Sumisión

¿Alguna vez ha considerado la idea de que la pertenencia a una determinada denominación y / o una determinada iglesia local *no* proveer la salvación, un lugar con Dios en el cielo? Aunque hay un buen número de personas que inconscientemente o conscientemente piensan que su membresía en una iglesia local o denominación le da un lugar automático en el cielo con Dios, en realidad, no lo hace. Al estar en el cielo con Dios depende puramente de ser parte de Su eterna santa familia muy unida. Los miembros de Su familia estarán con El; y personas quien no son miembros de Su familia no estaran con Dios.

Al contemplar los requisitos de Jesús para aquellos que estan considerando seguir a El, nos encontramos de nuevo cara a cara con la realidad de que Dios exige que todo el mundo haga una decisión crítica durante la parte mortal de su vida eterna. *Con el fin de estar con Dios para siempre en el Cielo, cada persona tiene que hacer su eleccion antes de la muerte si se van a someterse a Dios y a Su señorío misericordioso y amoroso o no.* Dios es, sin duda, digna del amor y lealtad de todos. La buena nueva incluye el hecho de que Dios trabaja constantemente entre nosotros alentando a todos a dejar nuestros caminos egocéntrica y vuelven a Su manera amorosa y la vida eterna (Rom 1:18-32; 2:11-16; cf. 2 Pe 3:9).

Muchos de nosotros estamos tan atrapados en nuestras propias aspiraciones y deseos y nunca han considerado seriamente eterno bien y el mal y la invitación abierta de Dios en Su eterna santa familia intima. Jesús enseñó una importante parábola respecto a las personas en su día y sus ocupaciones personales. Él enseñó que estas ocupaciones causaron muchas de estas personas a perder su lugar a en el Reino eterno de Dios. Esta parábola se aplica a todas las edades, ya estas tipos de personas son los que están demasiado ocupados logrando ambiciones personales o de satisfaciendo deseos personales que no tienen tiempo para escuchar y aceptar la invitación de Dios a Su familia eterna y Su reino (Mt 22:1-14). La parábola de Jesús tiene dos puntos importantes:

Experimentar Discipulado Obediente   97

(1) Usted no se debe poner fuera de responder afirmativamente a la invitación de Dios ser un parte de Su familia santa eterna porque puede llegar un punto en su vida en la que no se oye de Dios invitación más lejos; y (2) si usted acepta Su invitación a seguir a Jesús, Dios también está pidiendo que usted aceptar las condiciones de la invitación (ponerse la ropa adecuada) cual es la auto negación (morir a uno mismo), recogiendo su cruz cada día, y sometiendose a Su señorío.

Al igual que en la parábola, Dios espera que actúen de forma adecuada si se acepta a usted Su invitación ser una parte Su familia. Si no acepta las condiciones de la invitación, que se expresan claramente en múltiples lugares de la Escritura-al igual que en esta parábola, Usted va a terminar siendo eternamente separado de su santa familia y enviado a vivir en el lago de fuego eterno, Infierno. Esto rompe el corazón de Dios.

En tiempos de Jesús, cuando los individuos se convirtieron en discípulos (estudiantes) de un maestro en particular, vivirían normalmente en una estrecha relación con el maestro, emulando tanto las enseñanzas del maestro y su forma de vida. En términos modernos, sus seguidores son cercanos aprendices. Jesús espera que sus discípulos para emular él. Jesús pide a todos a someterse a las enseñanzas del Padre, Su líder, y permitir el amor de Dios que les ensena a ellos a transformarles hasta el punto de que ellos adquieren una preocupación santa para otros. Dios pide a sus discípulos que estar dispuesto a dar su vida por los demás (Jn 13:34; 15:12-13). Se espera que todos los discípulos a dar sus vidas para los demas acuerdo a la voluntad de Dios con el fin de ser parte de Su gran operación de rescate Flp 1:29-30; Col 1:24-29; Heb 12:1-3; 1 Pe 5:8-9). Todo esto es parte del proceso de santificación iniciado por Dios.

Seguir a Jesús no es fácil, de hecho, a veces es difícil y requiere un trabajo duro, pero la recompensa es mucho mayor que cualquier otra cosa que vamos a hacer nunca en este lado de la eternidad. Si usted está dispuesto y hacer un compromiso genuino de ser una parte activa de la familia de Dios y seguir el liderazgo de Jesús en esta gran operación de rescate, Usted comenzará a experimentar una gran alegría y quiere unirse a Dios para ayudar a

Experimentar la Alegría de Jesús
a través de Discipulado Obediente

salvar a esos que usted personalmente ha llegado a querer a través de Dios. *Si has hecho un auténtico compromiso de seguir a Jesús en algún momento de su vida, verá la fruta debido a su amor para Dios y su vecino* (Mt 28:18-20; Jn 15:1-5). El Espíritu Santo va a trabajar en el que el desarrollo de su carácter y va a ayudarle a usted a llevar a otros al Padre por medio de Cristo (Hech 1:8; Gál 5:22-24).

Vamos a hablar acerca de confiar en Dios. Hebreos, capítulo 11, nos da una gran comprensión de la importancia de la fe individual en Dios. La fe es la confianza. En el idioma original de la Biblia de acuerdo al Nuevo Testamento, "fe" y "confianza" son traducidos de la misma palabra griega, *pistis*. Confiamos en Dios para hacer lo que dice en la Escritura para otros y nosotros personalmente? Es Dios digno de confianza y capaz? Dios pide a todos a un paso de fe y seguirle sin saber a dónde conducirá. Hebreos 11 nos da una lista de las personas, que a pesar de sus circunstancias difíciles de confianza y siguió a Dios.

Cuando la escritura de Hebreos 11, está comparado con las cuentas registradas en el Antiguo Testamento, observamos que cada uno de estos individuos creció en su fe con el tiempo. Cada uno creció dentro en un lugar de fe, un lugar de confianza en Dios y su capacidad, que incluso cuando Dios les pidió que hacer algo muy difícil, ellos lo hicieron:

> (1) vamos a considerar a Noah, quien construyó un barco muy grande para albergar a cientos, si no miles de animales en la tierra seca en espera de una inundación masiva en todo el mundo (Heb 11:7);
> (2) vamos a considerar a Abraham, quien estaba dispuesto dar a vuelta a Dios su único hijo biológico después de esperar hasta que él tenía cien años de edad para su hijo a nacer a través de su esposa Sara quien era estéril de la vejez (Heb 11:17-19);
> (3) vamos a considerar a Elías, que subió en el monte Carmelo para hacer frente a los falsos profetas de Baal si la vista de Israel sabiendo que Dios no defraudaría a ellos debido de su fe en Dios (1 Re 18:16-39); y

Experimentar Discipulado Obediente 99

(4) entonces, vamos a considerar a Jesús, que vino al mundo en su encarnación como un bebé recién nacido, viviendo su vida entre las pecaminosas personas hostiles quien finalmente le crucificaría a El para haciendo el bien y hablando la verdad. Tomó en su pecado, el pecado de todo el mundo, y El confiaba en el Padre para quitar el pecado y le levantariá a El de los muertos, venciendo la muerte por todos los que le recibirían a El (Recibir: Jn 1:12; Ap 3:20 venciendo la muerte: Jn 1:29; Fil 2:5-11; Ap 11:15; 12:11; 1 Jn 2:1-2; 3:5).

He sido testigo de la bondad de Dios y la obra salvadora de Dios en muchas vidas en los últimos 30 años. El obstáculo más grande que he observado para los que se ralentizó el tiempo suficiente de este ajetreo para escuchar a Dios, es que todavía estaban disfrutando demasiado de la vida en el camino ancho que lleva a la destrucción a someterse a Él y Su forma de vida. Parte de la buena nueva es que Dios tiene gran paciencia duradera con nosotros, no queriendo que ninguno perezca (2 Pe 3:9). Dios da continuamente todos los personas en el mundo despertares espirituales especiales para dibujar Sus hijos cerca de él.

Billy Graham nos dice en su autobiografía, Just As I Am, un evangelista, el Dr. Mordecai Ham, llego en el momento justo y consiguió pasar a él, que anunciaba servicios de avivamiento en su área. Billy Graham fue portahechizos como el Espíritu Santo habló a través de este evangelista y le enseñó acerca del Cielo y el Infierno.[22] *Billy realizado a través de la enseñanza de Dr. Ham que él si mismo no tuvo relación personal con Cristo y no podía depender de su relación con sus padres ni su iglesia local para salvarlo del pecado.*[23] Después de luchar durante la presentación, una noche Billy Graham se adelantó y le dio su vida a Dios y Su normas de vida. Con esa decisión de someter su vida a la autoridad de Dios.[24] llegó a un lugar en que podía sentir paz y la alegría.[25]

Años después, Billy Graham habló con George W. Bush, que se convertiría en nuestro presidente cuadragésima tercera. Dios usó esa oportunidad para ayudar a George Bush darse cuenta de que aunque la Biblia proporciona buenos consejos de superación personal, que no era el verdadero mensaje de la Biblia. Le dijo al presidente que la foco de la vida tenía que cambiar de una vida de egoismo a una vida centrada dentro en Cristo, que Cristo tenia ser el maestro de su vida.[26] El presidente Bush dijo que antes de entregar su vida a Dios, la religión había sido siempre parte de su vida, pero que el no había sido un creyente, un verdadero seguidor de Cristo.[27]

Sé por experiencia personal que sometiendo a Dios es muy importante. Acepté Dios en mi vida como un niño de ocho años. Fue el amor de Dios que me atrajo a él en ese momento. Cuando fui bautizado ese mismo año a la edad de nueve años, Dios me dio un don especial: él me permitió sentir un poco de su amor por todos en la sala ese día. Esa bendición me ayudó después a través de algunas de mis propias pruebas personales y me ayudó a convertirse en un ministro más empático. Pero, a pesar de que fui salvo por la gracia de Dios a una edad temprana, Dios todavía me obligó a considerar sumisión total en la edad adulta. Veinte años más tarde a la edad de veintiocho en un domingo por la tarde en la iglesia, después de luchar con la idea de sumisión total al señorío de Dios por meses, llegué al lugar en mi vida que mi conocimiento de la bondad de Dios me había ayudado a venir a un lugar de confianza en Dios que me permitió someto totalmente a su señorío. Recé a Dios diciendo que ahora yo estaba listo para seguir a Jesús sin reservas a la medida de mis posibilidades, en cualquier lugar Él me quería ir.

¡Elige la Vida!

Hace aproximadamente tres mil quinientos años, Dios le dijo a Israel, un pueblo que se habían comprometido a seguirle, El había puesto delante de ellos la vida y las cosas buenas y la muerte y cosas malas dependiendo de cómo vivían para el Dios. Luego pasó a decirles que si volverían su amor, siguiéndole a él (confiar en él), y caminar en sus caminos, obedeciendo sus mandamientos, estatutos y juicios, que los bendeciría en la tierra que Él les había dado; ellos y sus descendientes vivirían una vida abundante (Dt 30:15-19). Aproximadamente quince cien años después, el Hijo, Jesucristo, dijo a Israel y el resto del mundo que todo el mundo necesita tener cuidado y tener en cuenta que los que toman el camino más fácil, centrado en sí mismo en la vida, no serían entrar en el Cielo (Mt 7:13- 14). Le explicó a Thomas que los que querían vivir con Dios y otros que estaban santa tendría que seguirle Su forma de vida (Jn 14:6).

Nuestro Padre Celestial nos da libre albedrío y nos pide mirar a Él, para la limpiando de nuestro pasado y mirar a Él, para el desarrollo del futuro (Mt 6:33; 7:7-8, 14; Lc 11:9-10). En lo que demuestra su increíble amor por nosotros a través de su obra redentora y reconciliadora en la cruz, Dios nos ha dado prueba de su sincero deseo de una relación madura con nosotros. Debido a Su naturaleza justa y un gran amor por nosotros, debemos subordinar nuestra voluntad a la suya y permitirle a Él para trasformarnos en miembros compatibiles perfectamente de Su familia. Dios nos quiere dar forma a su imagen moral de modo que podamos vivir juntos en perfecta armonía para siempre. En su libro, Christ's Call to Discipleship, James Boice nos recuerda que la felicidad sólo viene cuando permitimos que Dios reorientar nuestra vida a sus normas.[28] Con el fin de Dios para transformar nuestras vidas, debemos morir a sí mismo y vivir para Él y con los demás.

Dios No Puede Ser Burlado

¡Ten cuidado, Dios no puede ser burlado! (Gál 6:7; cf. Lc 8:17; 16:15) Cada uno de nosotros va a terminar siendo juzgados de acuerdo con nuestras decisiones y acciones durante esta parte mortal corta de nuestra vida eterna (Rom 2:11-16; 1 Pe 1:17). Los que escuchan a Dios y aprenden a seguir a Cristo y sus enseñanzas se convierten en parte de Su familia íntima (Sal 90:12; Jn 14:21, 23). **Los otros son perdido**. Ellos serán separados de Dios, aparte de Su familia inmediata, y toda Su Anfitrión Celestial Santa para la eternidad (2 Pe 3:7-10; Ap 20:11-15).

Jesús nos enseña que amando a Dios con todo nuestro corazón, alma y mente, junto con amando a nuestros vecinos como a nosotros mismos cumple la intención de la instrucción de la Ley de Dios para la vida (Mt 22:37-40). De hecho, Jesús dice que Él vino a cumplir la ley y que nada de la Ley será removido hasta el momento de la consumación final de la Creación (Mt 5:17-19). Pablo enseñó a los cristianos de Roma lo mismo cuando él les dijo

Experimentar la Alegría de Jesús a través de Discipulado Obediente

que Jesús era el *telos* de la Ley, lo que significa que Jesús es el cumplimiento de la ley de Dios que guia todos los que están confiando en Dios en la justicia (Rom 10:4).

A pesar de que la Ley reveló el pecado y dio testimonio de la venida obra redentora del Mesías (Rom 3:19-20; Gál 3:19, 24), de por sí no mantuvo a nadie del pecado (Rom 3:21-23; 6:23; Gál 3:21). De hecho, nuestra rebelde corrompidos la naturaleza, la Ley causa nosotros ser aún más hostil hacia Dios y pecar aún más (Rom 5:20). Pero, por la gracia de Dios, se hizo posible la vida eterna a través de la acción de amor justo de Dios (Rom 1:16-17). Pablo lo dice de esta manera,

> Mas venido el cumplimiento del tiempo, Dios envió su Hijo, hecho de mujer, hecho súbdito á la ley, Para que redimiese á los que estaban debajo de la ley, á fin de que recibiésemos la adopción de hijos. Y por cuanto sois hijos, Dios envió el Espíritu de su Hijo en vuestros corazones, el cual clama: Abba, Padre. Gálatas 4:4-6

A través de las personas, tales como Pablo, Dios enseña todo lo que Él no es parcial en su amor y consejo hacia alguien. No importa si usted ha oído la instrucción y la enseñanza de Dios o no, nadie es inocente; si ud peca, hay consecuencias; hay consecuencias de pecado. Pablo proclamó que sólo aquellos que estaban haciendo lo que Dios enseñó estaría justificada, constituidos justos (Rom 2:11-13). La Ley fue dada por la gracia de Dios con el fin de exponer el pecado y llevar a todos los que se escucha de Cristo (Jn 1:16-17; Gál 3:19, 24). ¿Tiene la gracia de Dios anular la ley? Pablo dice enfáticamente: *"¡no!"* Hijos obedientes de Dios establecen la Ley a traves la muerte y el liderazgo de Cristo (Rom 3:28-31; cf. 7:12).

La buena noticia para los que son guiados por el Espíritu es que cada vez que alguien no cumple con la Ley, la muerte de Jesús en la cruz proporciona la eliminación del pecado, que permite a los verdaderos seguidores de Cristo para entrar en la presencia de Dios con una rectitud recibido de Él (Rom 8:14-17; 10:1-4; 2 Cor 5:21).

Evitar el CaminoAancho que Lleva a la Destrucción

Jesús enseñó: "Entra por la puerta estrecha: porque ancha es la puerta, y espacioso el camino que lleva á perdición, y muchos son los que entran por ella. Porque estrecha es la puerta, y *angosto* el camino que lleva á la vida, y pocos son los que la hallan."
Mateo 7:13-14

¡Asombroso! ¡Qué una enseñanza difícil¡ Lo que hace caminar en los caminos de Dios con tanta fuerza en comparación a viviendo como la mayoría de la gente, y por qué Dios hace tan difícil vivir con Él si eso es lo que Él desea para Su creación? La conclusión es que Dios es perfectamente santo. Su naturaleza es amor puro (1 Jn 4:16), y Él quiere que todos a ser santos como Él es santo.

Aquellos que verdaderamente buscan a Dios y su voluntad para su vida se encuentran el estrecho camino a la vida eterna a través de Jesús. Jesús es el único camino al Padre; de hecho Él es la "puerta" de la presencia del Padre (Jn 10:7; 14:6), y el resto de los llamados caminos a Dios son parte del camino ancho de la destrucción, los cuales Satanás ha desarrollado engañosamente lo largo de los años como uno de las alternativas viables encontrar Dios, pero la única manera encontrar a Dios es a través de Jesucristo. El autor de Hebreos nos dice que Cristo, sumo y eterno Sacerdote, se ofreció a sí mismo como un sacrificio expiatorio, de una vez por todas, para todas las personas de todos los tiempos (Heb 4:16-5:10; 10:10-14; cf. 1 Pe 3:18).

Debido a que Dios desea una relación con todos quien tiene *libre voluntad*, Él no obliga a nadie a unirse. Es una relacion amorosa ser con Dios, y Dios no forzaría ni coaccionar a un compañero para quedarse con él. Sin embargo, Dios nos advierte que una vida en el egoísmo y su correspondiente desobediencia y el pecado conduce a la separación eterna de él (la segunda muerte). *Tenemos que aprender a escuchar a Dios y hacer lo que pide de nosotros o nuestra separación será tan completa que vamos a sentir tal dolor emocional extremo que es difícil de comprender* (Lc 13:24-28).

Experimentar la Alegría de Jesús a través de Discipulado Obediente

¿Quién Dicen Que Soy Yo?

Después de enseña a sus discípulos y ellos observaron Él y participaron con Él en el ministerio de miles, Jesús les pidió quien la gente pensaba que era. El consenso general fue que la mayoría pensaba que Jesús era un gran profeta (Mt 16:14). Entonces Jesús les preguntó: "Pero, ¿quien están diciendo ellos que yo soy [Mt 16:15]?" Simón Pedro respondió que Jesús era el Mesías esperado, el Ungido de Dios, pero él no se detuvo allí. Él continuó diciendo que Jesús, el Mesías, también era "el Hijo de Dios vivo [Mt 16:16]." Estas son las verdades más importantes que todos deben tener en cuenta. ¿Quién y qué es Jesús?

Incluso antes de la muerte de Jesús, Dios se reveló la identidad de Jesús y el próximo sacrificio a través de Mateo y el resto de los discípulos de Jesús. Satanás y sus demonios sabían todo lo largo de la verdadera identidad de Jesucristo, pero que no sabía sobre el plan de la del Padre redención por su muerte (Mc 1:34). *No permita que Satanás y sus ayudantes le mantienen tan preocupados con* **las cosas menos importantes** *en la vida*, que ni por lo menos llegar a darse cuenta de que Dios te ama más de lo que puede comprender en la actualidad. Nuestro Padre Celestial envió a Jesús, el Mesías, a nuestro mundo para morir por nosotros eliminación de nuestros pecados y de tal modo que nos proporciona la única manera de vivir con Él para siempre (Jn 14:6; Ef 2:11-16).

Lo que he observado durante los últimos treinta años como ministro de Cristo es que recibiendo a Jesús como Señor es muy difícil para muchos. Muchos llegado hasta el punto de darse cuenta de la validez de la afirmación de Jesús de ser el Hijo de Dios y Salvador del mundo, pero sólo algunos tienen estado dispuesto a someterse al señorío de Cristo. Sin sumisión total al señorío de Cristo, Dios no da a la luz espiritua y vida de Su familia.

Incluso con esta comprensión, muchos que vienen de entender No se comprometan con el seguimiento de Jesús, ya que no quieren renunciar a algunas de las cosas que están haciendo actualmente. No es tanto que no hay ningún pecado mayor en sus vidas, pero lo que están haciendo y sus responsabilidades tiene prioridad sobre la aceptación de la invitación de Dios en Su familia.

Si usted está luchando para someterse al señorío de Jesús, quiero hacer hincapié en el hecho de que Satanás trabaja duro para parar el mayor número de pesronas como posible de comprender cómo imparcial y buen el amor de Dios es para todos. Dios nos pide que buscarlo y conocerlo, y, al mismo tiempo, se revela el mismo a todos los que lo escucharan. Entonces, cuando uno verdaderamente da su vida a él, Dios comienza un proceso de transformación que produce la paz interior y la alegría que sobrepasa la comprensión actual (1 Cor 13:9-13; Ef 1:18-20). Dios libera sus hijos obedientes del pecado, que nubla realidad y corrompe nuestras relaciones más cercanas, y restringe el desarrollo de Sus hijos.

Jesucristo es el Hijo de Dios Vivo

Nuestro hermano mayor *es el Hijo de Dios vivo* (Mt 16:16). Él está trabajando en perfecta unidad con el Padre. Sí, Jesucristo no es más que otro buen hombre ni es sólo un otro gran profeta. Jesucristo es el hijo de Dios vivo que ayudó a su padre a crear este mundo temporal con el fin de que en última instancia, que crearían una eterna santa familia intima (Jn 1:3, 10; Heb 1:2). Podemos aprender mucho acerca de nuestro salvador y sus grandes cualidades para llevarnos a través de la carta de Pablo a los Colosenses. Mira lo que Dios nos enseña a través de Pablo.

Jesucristo *es el Hijo amado* del Padre que nos ha redimido de nuestros pecados (Col 1:13-14). Jesús está amado mucho por el Padre. Jesús es la imagen de Dios, que no puede ser visto con ojos humanos (cf. Jn 14:7; Heb 1:3), sin embargo, podemos ver el la naturaleza del Padre mediante la observación de Jesús (Jn 12:45; 14:9). Él es el Primogénito que tiene los derechos del primogénito de toda criatura (Col 1:15), sin embargo, él comparte sus derechos con cada uno que confía en Dios (Jn 1:14; 17:5, 22).

Jesús *es el maestro artesano de creación* de todas las cosas visibles e invisibles en el cielo y en la Tierra. Fuimos creados a través de Jesús para la comunión con el Padre (Col 1:16). Jesús es la Palabra, el origen, la fuente, de la que llegó la Creación. Jesús era antes de todo, el mayor, y es por medio de Él que todas las cosas permanecen. Literalmente, Jesús ha construido el universo y todo lo que hay en él y mantiene todo junto (Col 1:17).

Jesús es *la Cabeza del Cuerpo*, la Iglesia (Col 1:18; 1 Cor 12), y está sentado a la diestra del Padre en el poder para siempre (Ef 1:20-21). Jesús es el comienzo de la vida resucitada, *el primogénito de los muertos*. Debido a que Jesús es el primero, el hijo mayor, y continúa a obedecer fielmente a nuestro Padre Celestial, Él tiene la mayor responsabilidad eterna y la autoridad correspondiente sobre todos los asuntos (Col 1:18; Ef 1:22; 1 Pe 3:22; 1 Cor 15:27-28).

Jesús es *el reconciliador sin pecado*, nosotros y los que están en el Cielo el Padre reconcilia a traves de la cruz (Col 1:19-20; 2 Cor 5:17-21). Antes de la creación, nuestro Padre Celestial y Jesucristo se pusieron de acuerdo para hacer expiación por nuestra desobediencia (Hech 2:23; 3:18; Ap 13:8).

El Padre envió a Jesucristo a morir en la cruz por todas las personas, y luego después Su sentencia de muerte en nuestro nombre Dios estaba satisfecho, Él levantó a Jesús de entre los muertos y lo sentó sobre todos los poderes y autoridades en el Cielo y en la Tierra para siempre (Ef 1:17-2:10). Hoy en día, este mismo Jesús hace libre todos los que vienen a confiar y obedecerle del camino destructiva del Maligno de Satanás, el diablo, que era un asesino y mentiroso desde el principio (Jn 10:10; Rom 10:13; Jn 8:44).

Jesús *es* el Hijo del único y verdadero viviendo Dios. Durante el ministerio terrenal de Jesús, muchos líderes judíos ignoraron Su identidad y rechazaron Su autoridad a causa de sus corazones endurecidos hacia Dios. Sus corazones se habían endurecido, y tomaron el asunto en sus propias manos y dejaron de escuchar a Dios. Ellos no cederian su control sobre sus semejantes, que habían tomado injustamente (Mt 21:33-39). Por lo tanto, el Padre retiró toda su responsabilidad y la autoridad correspondiente y las que Él les había dado originalmente (Mt 21:43).

A lo largo de los siglos siguientes ministerio terrenal de Jesús, muchos han seguido haciendo caso *omiso* de su identidad y *rechazar* Su autoridad debido a los corazones endurecidos. Los que escuchan y reciben a Jesucristo escuchar y recibir el Padre.

Los que oyen y reciben los discípulos de Jesús escuchan y reciben a Jesús (Mt 10:40). El Padre tiene y está hablando a todos los que escuchan a través de Jesús, y en la actualidad Jesús está hablando a todos los que escuchan a través del Espíritu Santo, las Escrituras, y su cuerpo, la Iglesia.

Si usted está convencido de que Jesús es el Hijo de Dios, pero no ha presentado a su señorío, orar para que Dios te muestre Su corazón y como Él valora a usted a medida que lee más. Si oras por la guía de Dios, Él se revelará él mismo a usted. Usted va a ver que Él es digno de su amor y obediencia, y desde allí Dios le animará a consolidar un verdadero compromiso de seguir a Jesús dondequiera que conduce sin importar las consecuencias.

Jesús es el Señor, Así Como Salvador

Vosotros me llamáis, Maestro, y, Señor: y decís bien; porque lo soy. Juan 13:13; cf. Lucas 6:46

Jesucristo, que puso el universo entero juntos, también ha sido nombrado por nuestro Padre Celestial para ser nuestro principal maestro y líder. Él trabaja en Sus seguidores por el Espíritu Santo para liberarlos de la esclavitud del pecado, que se origina a partir de egocentrismo y el egoísmo (1 Jn 2:27; Jn 8:31-32; 18:37).

Jesucristo *no es* un otro buen hombre. Jesucristo no es sólo un otro gran profeta. Jesucristo es el hijo de Dios vivo que trabajaba en estrecha unidad con su Padre quien armó la creación total, incluyendo el cielo, la tierra y la humanidad. Jesús es, literalmente, la celebración de la Creación juntos como Él conduce los que escuchan para hacer las buenas obras que el Padre le ha asignado desde la eternidad pasada (Ef 2:10). *¡Jesús es nuestro Señor eterno, así como salvador (Ef 1:19-21)!*

Jesús solo Proporciona acceso al Padre

Cuando Jesús dijo que Él es el Camino, la Verdad y la Vida, y que nadie es capaz de aparecer ante el Padre sino por Él

Experimentar la Alegría de Jesús a través de Discipulado Obediente

(Jn 14:6), el Hijo enviado hacía perfectamente claro que la vida eterna con el padre sólo se produce para los que están en estrecha asociación con él. En uno de sus sermones sobre una montaña, el apóstol Mateo nos dice que Jesús declaró enfáticamente que en el Día del Juicio habrá muchos que dirán que lo había llamado "señor" y habían hecho muchas cosas en su nombre. Sin embargo, nunca habían comenzado realmente obediente escucha de su padre ni lo siguiendo a Él. Ellos nunca habían comenzado a seguir Su voluntad para sus vidas. Para esos individuos, Jesús declarará: "Nunca te he conocido; apartaos de mí ustedes que han estado trabajando en contra de la Ley (la Palabra de Dios) [Mt 7:21-23; 12:50; cf. Rom 2:11-16] ".

El apóstol Juan no sólo recordaba a Jesús diciendo que él era el único camino a Dios, pero también recordaba a Jesús usando la imagen metafórica de ser la primera y única "puerta" declarando que él era el único punto de acceso al Padre (Jn 10 :17). Jesús enseñó a sus discípulos que aquellos que buscan una relación con Dios debe venir a través de él con el fin de ser salvados,

Yo soy la puerta: el que por mi entraré, será salvo; y entrará, y saldrá, y hallará pastos. Juan 10:9

Jesús enseñó que el camino hacia Dios era a través de la obediencia. Si se sigue el curso normal de la construcción de su propia seguridad sin prestar atención a Dios, que son en realidad todavía siguiendo el camino ancho que lleva a la vergüenza y el sufrimiento eterno. La obediencia a la guía de Jesús es el único camino que conduce a la vida eterna con Dios, porque Jesús es la única "puerta" y la única "puerta" que lleva en el reino de los cielos (Mt 7:13-14; Lc 13:24; Jn 10:7). Dios nos dice esta misma verdad por medio del apóstol Pablo como Pablo enseña a los creyentes gentiles que ellos y su judía hermanos y hermanas en Cristo, tienen el mismo acceso al Padre, que es a través de Cristo y fue finalizado a través de la obra redentora de Cristo en la cruz (Ef 2:18).

Dios es digno de nuestra sumisión y lealtad y así es Jesucristo (Ap 4:11; 5:8-10). Si no recibimos a Jesús en nuestras vidas como hijos, la sumisión a Él como un adulto es probablemente el más difícil acto de la voluntad que alguien tiene que hacer frente. Como adulto, es difícil renunciar a la soberanía personal y sustituirlo por el señorío de Dios hasta que uno se da cuenta de lo mucho que Dios ama a todos y cómo poder Realmente es llevar a los que le escuchan en el perfeccionado nuevos cielos y tierra en el que habrá no más el dolor, el sufrimiento y el dolor. Entonces, ¿qué quiere Dios de nosotros durante este presente parte de nuestros viajes eternos?

Negarse a sí mismo / morir a uno mismo

El primer punto que Jesús hizo por todos los que estaban interesados en seguirle es que deben permitir a Dios que el plomo y, al hacerlo, debe morir a sí mismo (Jn 12:24-26; cf. Lc 14:26). Ellos deben dejar de lado las ambiciones personales y seguir a Jesús. Esto no quiere decir que Dios quiere que todos sean un ministro a tiempo completo, pero sí quiere decir que *todos los seguidores de Cristo ministrará en algún nivel* y que todos los que siguen a Jesús va a vivir sus vidas bajo el señorío de Jesús y no el propio. En su libro, *Christ's Call to Discipleship*, James Boice declaró que los seguidores anteriores de Cristo nunca entenderían como la gente hoy en día profesan seguir a Cristo y hacer caso omiso de auto-negación, que es la esencia misma de ser uno de los discípulos de Jesús.[29]

Los que siguen a Jesús no va a trabajar a cabo el éxito de acuerdo a las normas del mundo, sino que de acuerdo a la dirección de Dios. Dios pide a todos los seguidores de Cristo para dar de sus recursos, que incluyen talento, tiempo y recursos. La buena noticia para aquellos que hacen un verdadero compromiso de seguir a Cristo es que cuando se convierten en parte de la familia santa eterno de Dios, sino ellos también se convierten en parte dueño de todo. A pesar de que no es evidente en la actualidad, en la realidad no sólo hacer seguidores cuota de Cristo en la gloria de Jesús, sino también son coherederos con Él (Jn 20:17; Rom 8:17, 28-30).

Sin embargo, lo que tenemos con Dios no es nada en comparación con el desarrollo de nuestra relación con Dios y otros Santos que trae gran paz y alegría interior. Lo que damos en el éxito personal y las posesiones materiales posibles durante esta época actual para servir a Dios, nosotros vamos de recuperar más que nuestra mente, posiblemente, se puede imaginar, tanto en este mundo y en el Cielo. En realidad, es el alejamiento de una manera egocéntrica, egoísta de la vida a la manera de Dios de la vida, que trae mucha alegría y paz interior.

Los Placeres Mundanos y Ambiciones Personales

En una especie de forma seductora y engañosa, Satanás engaña a muchos a creer que si empiezan a escuchar a Dios, van a tener que renunciar a mucho más de lo que recibirán a cambio. Mucha gente no puede seguir a Cristo cuando son jóvenes por esta misma razón. He visto personalmente a muchos de los que llegó a entender el amor de Dios, de alguna manera limitado, pero no se dio cuenta de la gravedad de las consecuencias de no seguir los caminos de Dios y Su consejo por sus vidas. Del mismo modo que los de Laodicea, no se dieron cuenta cuánto más Dios mejoraría la calidad de vida, si sólo vuelven a él (Ap 3:15-18).

La mayoría de nosotros sabemos que Dios nos está pidiendo a seguir su ejemplo y renunciar a una parte de nuestro tiempo y recursos de personal con el fin de ayudar a los demás, física y espiritualmente, pero no queremos hacerlo. El concepto de ayudar a los demás más allá de nuestra propia familia inmediata es ajeno a gran parte del mundo. La idea de negarse a sí mismo no hace sentido para aquellos que no confían en un Creador amoroso a está mirando hacia fuera para sus mejores intereses.

Jesús enseñó que los que desean seguirle debe empezar por "negando" a sí mismos. Ellos deben dejar de lado sus deseos personales de la carne, incluyendo el éxito y obediente seguirlo por amor genuino para todos (1 Jn 2:15-17; 3:23). Para muchos, Jesús era y todavía es pedir demasiado. Es increíble la cantidad de tiempo puede ser desperdiciado en que es entretenido, ameno, la práctica de deportes, redes sociales, haciendo aficiones, utilizando la tecnología, o simplemente pasar más tiempo con la familia o amigos a expensas de involucrarse con Dios.

Experimentar Discipulado Obediente 111

En realidad, es todo acerca de la disposición. Con el tiempo, he visto algunos que inicialmente no seguir a Cristo finalmente empezar seguirle y por lo tanto aprender a preocuparse más por los demás. A medida que las personas aprenden a preocuparse por los demás, sino que también aprenden que trae más alegría a dar que recibir. *En segundo lugar, cuando la gente finalmente empiezan a darse cuenta de que Dios da mucho más de lo que pide de cualquier persona, se hace más fácil a ceder el control y seguir de Jesús.*

Teniendo en cuenta un caso extremo, había un individuo, Bill, a quien yo había sido testigo de muchas veces en el pasado que no recibieron a Cristo como Señor y Salvador. Después de no ver a Bill durante 10-15 años, él me llamó desde una habitación de hospital. Se estaba muriendo de una enfermedad del hígado causada por el consumo excesivo de alcohol. Por lo tanto, fui a reunirse con él sabiendo a través de la dirección del Espíritu Santo, que él nunca había comenzado el seguimiento de Cristo. Hablamos durante un par de horas y finalmente se dio cuenta al final de su vida que sería un honor y un privilegio para seguir a Jesús.

Se arrepintió y pidió perdón de Dios a causa de su estilo de vida mundana y se comprometió a seguir a Cristo por el resto de su vida sabiendo que Dios probablemente no lo sanaría físicamente. Dios no lo sanó físicamente, sino espiritualmente, y lo sanó le dio una paz y alegría que era sobrenatural. En los próximos meses, su cuerpo cerró lentamente hacia abajo. Mientras observaba su decadencia final, se dio cuenta de que me sentía triste por su estado físÉco, y él me dijo que no estuviera triste, porque era el más feliz de lo que había sido en su vida. El Se había convertido en un hijo de Dios, y empezando por su propia familia, le dijo a la gente acerca de la importancia de seguir a Jesús (ser testigo) hasta que murió. A través del cambio de la vida de Bill, me acordé de nuevo de la gracia de Dios y la verdad de la Escritura, que dice que *los que reciben el agua viva de Dios nunca volverá a tener sed y que el agua de vida va a residir en ellos, el Espíritu Santo, va a ser en una primavera, una fuente de vida, para otros.* (Jn 4:14 y 7:38–39).

Experimentar la Alegría de Jesús a través de Discipulado Obediente

El Arrepentimiento: la Última Frontera

La idea del arrepentimiento se traduce de diversas formas de las palabras *shuv* y *naḥam* en el Antiguo Testamento en hebreo y las palabras griegas del Nuevo Testamento *epistrephō* y *metanoeō*. Dentro significado bíblico, indica un cambio de corazón, un cambio de estilo de vida y una vida, una inflexión a partir del yo y el pecado de manera justa de la vida de Dios. Es un cambio del corazón que desencadena la acción. Hay un cierto compromiso de dejar de vivir por sí mismo y empezar a vivir para Dios y otros. En realidad, Dios conoce el corazón de cada uno y el verdadero arrepentimiento que produce la conversión, el nacimiento espiritualmente en la familia santa de Dios, que es la obra de Dios y sólo a Dios (Jn 1:12-13). Aprendemos de las Escrituras que el arrepentimiento es el último obstáculo a superar. Es la última frontera como individuos llegan al lugar de pedir a Dios perdón de los pecados y el "giro" de sus estilos de vida egocéntricos a Su forma de vida. *¡Es necesario!* (Mt 3:2; 4:17; Hech 2:38; 20:21)

En 2 Crónicas 30:9 y Neh 1:9, está escrito que si Israel "se volvió" a Dios después de servir a otros dioses y ser expulsado de su tierra, Dios les daría la gracia a través de sus captores y les permiten volver a su tierra. En Jeremías 18:8, Dios dijo que si cualquier nación se apartó de hacer maldad, que Él se arrepentiría de su jucio venidero. La respuesta de Dios al arrepentimiento, individual y colectivamente, siempre ha sido la misma. Si una persona se arrepiente a Dios o de las personas como un todo dentro de arrepentirse naciones, Dios va a salvarles a ellos, los individuos y / o naciones.

En Hechos 15:3, el *epistrophē* sustantivo griego se traduce actualmente como "conversión" por muchos, la palabra habría sido mejor traducido como la "vuelta" de los gentiles (hacia Dios). Lucas utiliza esta palabra para describir un cambio de señorío y de estilo de vida para aquellos Gentiles que habían renunciado a sus estilos de vida paganos a seguir a Cristo. Además, vemos Lucas utilizando diversas formas verbales de este sustantivo para describir una "vuelta" a Dios por tanto Judio y gentil. En Lucas

Experimentar Discipulado Obediente   113

1:16, vemos una profecía dada acerca de Jesús, el Cristo: Él va a "convertir" a muchos de los hijos de Israel al Señor, su Dios. En Hechos 11:21, Lucas habla de una conexión entre creer (confiar) y "convertir" al Señor Jesús. En Hechos 14:15, se informa que Pablo proclamaba la Buena Nueva a todos en la ciudad de Listra a fin de "dar vuelta sus espaldas" a las cosas vanas y vacías en sus vidas y "volver" a Dios.

En Hechos 26:19-20, Lucas habla de el arrepentimiento siendo parte del proceso de "convertir" a Dios. Usted recuerda Paul diciendo a rey Agripa que él, Paul, había sido obediente a la revelación de Dios para él, y por lo tanto, con tal de anunciar la Buena Nueva a muchos, incluyendo a los gentiles diciéndoles "para arrepentirse y volver a la (verdadera) Dios" hacer obras dignas de arrepentimiento.

Dios habla a todas las personas de todas las edades sobre el bien y el mal (Rom 1:18-2:16). *La conversión bíblica se produce a través de la acción de Dios después de una persona "vuelve hacia él" renunciando a su propia forma de vida y sometiendo a Él y Sus caminos*. Una auténtica conversión se completa con Dios cuando una persona que desee hacer su voluntad "da vuelta desde" su forma de vida para seguir a Dios y su camino (Jn 4:34; cf. 1 Jn 2:17).

Cuando uno escucha a Dios y comienza a seguirle basado en el desarrollo de un amor por Él, la confianza en Dios crece a través de experimentar su confiabilidad (Gál 5:6; Heb 5:14). Todos los que se comprometen a seguir a Dios y Su forma de experiencia de la vida de una vida más plena y más completa aquí-y-ahora a través de la santificación y se perfecciona a la muerte física (Rom 6:22; 1 Jn 3:1-2). Se completan en su forma definitiva cuando reciben sus cuerpos resucitados (Fil 3:20-21). Todos los que han aprendido a confiar y obedecer a Dios a través del tiempo se convierten en parte de su sagrada familia muy unida y reino para siempre.

A medida que aprendemos sobre Dios y su deseo de unirnos a Él para siempre, que podría impedirnos presentar a su señorío y recibiéndolo en nuestras vidas? Al mirar el arrepentimiento bíblico, la clave para "volverse" a Dios, es Su amor (1 Jn 4:16). Hay un buen número que podría responder positivamente al *amor de Dios*, (1 John 4:19) si sólo frenar sus vidas y escuchar a Él por encima de todas las voces en competencia, de los cuales muchos son distracciones satánicos. Cuando uno se vuelve a Dios, el arrepentimiento se manifiesta a través de un desarrollo fideicomiso y obvia en y obediencia hacia Dios (Gál 5:6; John14:21, 23). El pueblo de Dios aprenden a través del líder de Cristo para hacer daño cada vez menos hacia los demás, porque Dios está desarrollando el amor de Dios en ellos y el amor no hace daño (1 Cor 13:4–8; Gál 5:13).

El Nuevo Testamento es claro en cuanto al impacto espiritual de volverse a Dios. Hay que pasar de si mismo a Dios para que Dios puede darnos nacimiento espiritual en Su familia. Y muchos, como el hijo pródigo, experimenta algún acontecimiento difícil o serie de acontecimientos antes de que frena y permitiendo que Dios para ayudarles a entrar en razón. Hay otros que durante momentos de silencio, Dios es capaz de hablar con ellos, y finalmente, Él puede revelar a sí mismo y su forma de vida a ellos. En cualquiera de los casos, *tiene que haber una conversión a Dios (arrepentimiento) antes de ellos están nacido espiritualmente en Su familia.*

Llevando Su Cruz y Experimentando la Alegría de Jesús

Como seguidores de Cristo aprenden a poner ambiciones personales a un lado, Dios pide a cada uno para llevar sus propias cruces personales, voluntariamente el sufrimiento en nombre de los demás. Esto no es fácil, pero vale la pena el tiempo que produce una gran alegría. Kyle Idleman, un pastor de una de las iglesias más grandes en los Estados Unidos, llegaron al punto de darse cuenta de que tenia estado tratando de llevar a la gente a Dios a través de mensajes que eran atractivo, cómodo y conveniente.[30] A continuación, llegó a la conclusión de que *Jesús no hizo tal cosa*. Jesús enfatizó el arrepentimiento, la entrega, y el quebrantamiento más que el perdón, la salvación y la felicidad.[31] Jesús enseñó que un seguidor de Él debía negarse a sí mismo, tome su cruz cada día, y seguirle (Lc 9:23). Idleman dio cuenta que la cruz mejor expresa la vida y ministerio de Jesús y Su invitación a otros a unirse a él en la humildad, sufrimiento y muerte.[32]

Experimentar Discipulado Obediente   115

Aunque Jesús era eterno como Su padre y había creado físicamente el universo y todo lo que hay en él, Él no creía que debajo de él a humillarse y morir por Su creación dando vida a todos los que responderían con obediencia. *¡Jesús es un ejemplo de santa amor en acción!* (Fil 2:5-8) El ministerio de Jesús no terminó con su muerte y resurrección, pero está en curso desde Su lugar en el cielo a la diestra del Padre (Ef 1:20-23).

Dios no nos dice de antemano lo que cada uno de nuestros individuo atraviesa en nombre de los demás será, sin embargo, Él tiene funciones específicas para cada uno para ayudar a llevar su creación hasta su finalización (cf 2:10; Filipenses 2:13). No hay sorpresas para Dios. Él sabe lo que está haciendo y cómo vamos a responder. Él nos pide que *hagamos un compromiso de seguirle* en base a Su carácter y capacidad. Él le dice a todos para que los que siguen a Jesús **sufrirán, sino que también va a experimentar una gran alegría** al unirse a él en el rescate de personas de eterno dolor y sufrimiento (e.g. Paul-Col 1:24). ¿Estamos dispuestos a renunciar a nuestro aspiraciones personales a medida que aprendemos a confiar en él con nuestras vidas físicas y espirituales?

A veces, hacemos compromisos poco entusiasta que dejános sin cumplimiento debido a nuestra falta de fe. Dios está buscando auténtica confianza en Su carácter y capacidad. Él está buscando un verdadero compromiso, sacrificio y lealtad en la cara de cualquier circunstancia que ocurre en nuestras vidas. En todos los casos para los que estan siguiendo a Dios y sus caminos, *Él usa a su pueblo de cada tribu y nación para representarlo ante el mundo. Los que le siguen son sus sacerdotes y una luz para todos* (Mt 5:14-16; 1 Pe 2:9-10). Los que siguen a Jesús son sus embajadores (2 Cor 5:20).

Después de que Dios mostró su amor a Israel como nación y los rescató de la esclavitud en Egipto, toda la nación acordó a seguirle a Él sin entender plenamente su santidad ni demandas sacerdotales (Ex 19:4-6).Muchos de los que dijeron que iban a seguir a Dios no había hecho un compromiso a largo plazo y por lo tanto volvieron a pecar y rebelarse contra Dios. Ellos no entraron en la buena tierra que Dios había reservado para ellos, ya que no se someterían a los ensayos que se puso delante de ellos con una actitud apropiada de la confianza y la obediencia, lo que hizo que todos los que se escuchó más fuerte (Num 14:20–35). Dios tiene una mejor forma de vida para nosotros ahora, que también incluye pruebas y aflicciones.

Una Nueva Creación

Si seguimos a tomar tiempo para *estudiar* y *actuar* sobre la Palabra de Dios, Jesucristo y nuestro Padre Celestial van a ensenarnos a conocer la realidad de tanto el mundo físico y espiritual en el que vivimos. Al obedecemos a Dios, Él nos madura que nos permite vivir en una relación más estrecha con él. Nuestro personaje se convertirá eventualmente en totalmente transformado para ser como la de Jesús, lo que resulta en una muy estrecha relación madura después de la muerte física. Pero incluso antes de la muerte física, los seguidores de Cristo experimentan una transformación inmediata:

> (1) ellos se convierten inmediatamente en nuevas creaciones "en Cristo" a través del nacimiento espiritual en eterna de Dios unida santa familiar (2 Cor 5:17; Ef 1:13-14);
> (2) inmediatamente ellos empiezan a experimentar la obra santificadora del Espíritu Santo (Rom 6:22); aquellos que han sido nacido de Dios, pecan cada vez menos y menos debido al Espíritu Santa viviendo en ellos (1 Jn 3:9);
> (3) ellos estan justificado inmediatamente delante de Dios aunque su justificación no se realiza completamente hasta que experimentan a Dios cara a cara (Rom 5:1; 1 Jn 3:2). En realidad, con el nacimiento espiritual en la familia de Dios viene un milagro a través del cual Dios quita sus pecados por poniendo sus pecados en Cristo en la Cruz y los haciendolos justos delante de Él a través de su justicia (Rom 1:16-17; 2 Cor 5:21; 1 Pe 2:24); y
> (4) los seguidores de Jesús están apoderado por el Espíritu Santo y le dicen a otros acerca de la bondad de Dios (Rom 8:14; Hech 1:8).

Experimentar Discipulado Obediente 117

Experimentar la Alegría de Jesús

¿Cuánto le costó a Dios para perfeccionar los que aprenden a confiar en él a través del tiempo? A partir de las Escrituras, encontramos que es obligatorio que todo pecado ser retirado de los que quieren venir a la presencia eterna de Dios (Jn 3:14–15). El pecado no puede ser simplemente cubierta con un vendaje. La herida tiene que ser totalmente curado hasta el punto de que no hay rastro de que existió una herida. El salmista David dijo una vez que debido a la bondad de Dios, Él ha quitado las transgresiones de aquellos que aman y respetan a Él y separa ellos de sus pecados como las distancia que existe entre el este del oeste (Sal 103:11-12).

Entonces, ¿cómo Dios nos liberase de nuestros pecados de nosotros que nos permite estar con Él por toda la eternidad? Pablo usa tres pensamientos básicos para expresar cómo Dios quita los pecados de los que aprenden a confiar y obedecerle por amor:

> (1) en Gálatas 3:13-14, Pablo afirmó que Cristo se convirtió en una *maldición* para aquellos que confían en Dios para que los que están "en Cristo" podría recibir las bendiciones de Abraham. Desde el Antiguo Testamento, es evidente que cuando alguien viola la ley de Dios (Sus enseñanzas), él o ella es maldita en el sentido de que ellos están llegando a juicio por el pecado. El castigo por el pecado (haciendo mal) es la muerte, la separación de Dios y Su comunidad. Jesús, el Mesías, se convirtió en una maldición por nosotros, fue juzgado culpable, crucificado por nosotros, y pasó tres días, lo que podría haber sido como 3000 años, en el Seol (la prisión espiritual) separado de Dios el Padre en nuestro nombre;
>
> (2) en Colosenses 2:13-14, Pablo declaró que cuando estábamos muertos, separado de Dios, a causa de nuestras transgresiones, la obra expiatoria de Cristo en la cruz permitió a Dios para tomar la lista principal con nuestros nombres y cargos civiles contra cada uno correspondiente de nosotros y *lo clava a la cruz de Cristo, condenándole y anulando los cargos contra nosotros*; y

Experimentar la Alegría de Jesús
a través de Discipulado Obediente

(3) Pablo indica explícitamente en 2 Corintios 5:21 que cuando Jesucristo murió en la cruz por nosotros, Dios Padre *nuestro pecado transferido a aquel que había sido sin pecado hasta ese momento*. Pedro dijo lo mismo (1 Pe 2:21-24).

En esta misma Escritura, descubrimos que a cambio de nuestro pecado, Dios ha puesto su justicia en nosotros para que nos encontramos ante El cien por ciento justo, santo. ***Esto es un milagro de proporciones gigantescas***.

Es fácil considerar el milagro de salvación de Dios en nuestro nombre, darle gracias por morir en nuestro lugar, y seguir con su vida normal. Sin embargo, aquí es donde necesitamos hacer una pausa y considerar lo que Dios ha hecho por nosotros, y lo que quiere a cambio de verdad. ***Por un gran costo para sí mismo a través del sufrimiento, el dolor y la muerte, Dios tomó los pecados de todos los que aprenden a confiar en él***. A cambio, Dios pide a todos a confiar en él lo suficiente como para seguir a Jesucristo.

Jesús sabía que morir en la cruz y morir espiritualmente se va a causar ***dolor terrible y sufrimiento***, tanto física como emocionalmente. Justo antes de ser arrestado para ir a la muerte en la cruz, le pidió al Padre por última vez si había otra manera para cuidar de nuestro pecado. En realidad, Él ya sabía la respuesta a su pregunta y ya se había sometido a la voluntad de Su Padre.

Es difícil imaginar lo que el Padre fue a través emocionalmente cuando vio a Su hijo de ser rechazado por Su propio pueblo (Jn 1:11). Pensar en el dolor emocional de ambos, el Padre y el Hijo, cuando las mismas personas a quienes Jesús había ministrado hace tres años, haciendo solamente bueno, se volvió contra él y le preguntó para a Barrabás, un criminal conocido, al ser puestos en libertad (Jn 18:39-40) . Imagínese el dolor emocional del Padre cuando Jesús fue humillado, azotado, y murió físicamente a una muerte física cruel y dolorosa en a través de el tormento de la cruz. Entonces se puede imaginar la parte más dolorosa de todas: porque Jesús tomó los pecados de aquellos que aprenderian a confiar en Dios, el Padre tuvo que volver la espalda a Su Hijo fiel y obediente durante tres días mientras Su Hijo estaba

Experimentar Discipulado Obediente

experimentando separación, para el primer vez, de Él en nuestro nombre. Esta es la muerte espiritual de Jesús en nuestro nombre, que era una separación de su Padre con los que siempre había vivido anteriormente en perfecto amor y la unidad (Mt 27:46; Jn 2:18-22; Heb 2:9).

Considere el abandono de Jesús por el Padre cuando nuestros pecados fueron colocados sobre él en la cruz.. Mientras Jesús estaba muriendo, Él exclamó en voz alta: "Dios mío, Dios mío, ¿por qué razón me has abandonado [Mt 27:46]?" Jesús sabía por qué Su Padre Celestial estaba abandonando Él. El anuncio era para recordarnos del gran costo que Él y el Padre estaban pagando por nuestra redención.

Sabemos de la discusión de Jesús con uno de los ladrones que Jesús y el ladrón estaría en el Seol superior (Paradise) ese mismo día (Lc 23:43), y sabemos por varios lugares de la Escritura que Jesús estaría en el Seol (Hades) durante tres días predicando la buena nueva de que Dios el Padre y él había arreglado para erradicar el pecado (Is 53; Gál 3:13-14; 1 Pe 2:24). Como ascendió al Padre después de pasar tiempo en el Seol en nuestro nombre (Hech 2:31), Él también fue liberado del pecado y puesto en libertad a todos aquellos en el Seol superior (1 Jn 2:1; Ef 4:7-12).

Los que estaban confiando en Dios antes de la Cruz finalmente pudieron ser hecho perfectamente justo a traves de Su muerte y que les permitieron estar en la presencia inmediata de Dios después de Cristo terminó su obra expiatoria. La muerte de Jesús en nombre de la humanidad quita todo el pecado de todos los que se someten al Creador amoroso de todos los tiempos. *La gran batalla espiritual que era crítico para ahorro toda la humanidad había sido ganada* (Jn 19:30; Ap 5:9-10; 11:15). Esta batalla fue ganada por la vida obediente y sacrificial de Cristo y la muerte a través del cual Él sufrió mucho en nombre de la humanidad.

Este mismo Jesús que voluntariamente soportó la vergüenza y el sufrimiento de la muerte en una cruz como un criminal en nuestro nombre experimentó *al mismo tiempo una gran alegría* porque Él estaba proporcionando salvación para todos los que quieren una vida recta con Dios (Jn 15:10-13; 17:13; Heb 12:2). *¡Este es el amor de Dios! ¿Qué estás dispuesto a hacer por sus amigos?*

Experimentar la Alegría de Jesús a través de Discipulado Obediente

Si tenemos en cuenta tanto el *sufrimiento* y la *alegría* de Cristo, vamos a empezar a entender el corazón y la mente de Dios, que también se está convirtiendo en el corazón y la mente de los seguidores de Cristo (1 Cor 2:16). Los seguidores de Cristo están aprendiendo a amar y por lo tanto la experiencia la alegría y la emoción mientras ellos ministran a los que les rodean.

Dios Requiere una Decisión Personal

Jesús dijo que *si no estamos dispuestos a negarnos a nosotros mismos y llevar nuestras cruces individuales y seguirle, no somos capaces de ser sus discípulos* (Lc 14:26-27; Mt 10:38). Por lo tanto, es Dios digno de nuestra inflexión a partir del mismo a Él? ¡Claro que Él lo es digno! Si usted no se siente una sensación de asombro y reverencia hacia Dios, usted todavía está demasiado centrado en sí mismo. Cuando nos damos cuenta de lo que Dios ha hecho por todo el mundo, la respuesta apropiada sería devolver el amor de Dios y al pedirle en nuestras vidas.

Piense de esta manera. Si usted todavía no ha llegado a entender *por qué usted debe seguir a Jesús con alegría y dejar de buscar el beneficio personal*, que todavía ud está siendo engañado por Satanás. Si usted tiene una comprensión real de lo que sucede espiritualmente alrededor usted, usted veria, usted tiene que hacer su parte en la construcción de la eterna santa familia intima de Dios. Considere esto: ¿qué haría usted personalmente estar dispuesto a hacer para salvar a alguien a quien amas profundamente de un terrible destino como morir en un incendio, un ahogamiento, o un accidente de auto? La mayoría de nosotros haría todo lo necesario incluyendo dar nuestra propia vida para salvar a los que amamos.

Rescatando a otros de un estado eterno de la vergüenza y el dolor y les ayudando a mejorar sus vidas en este momento es lo que Dios nos está pidiendo a unirse a él en hacerlo, que cumple con el propósito de la creación de Dios. Jesús dio su vida para que podamos vivir la vida en abundancia (Jn 10:10-11; 1 Jn 3:16). *Jesús nos está pidiendo a seguirle en sufrimiento* como llevamos nuestras cruces individuales y sufrimos por otros a causa de lo que

Experimentar Discipulado Obediente   121

Él ha hecho por nosotros; y por nuestro amor crece para todos (Jn 15:20; Mt 10:25). *Si todavía no hemos permitido que Dios nos enseña y realmente se preocupan por los que nos rodean, entonces probablemente no vamos a dispuestos a sufrir en su nombre* (1 Jn 3:17; 4:11-16).

Considere lo que Pablo dijo acerca de su propio sufrimiento para otros. En una carta a los santos que viven en Colosas, Pablo dijo:

> Que ahora *me gozo* en lo que padezco por vosotros, y cumplo en mi carne lo que falta de las aflicciones de Cristo por su cuerpo, que es la iglesia; De la cual soy hecho ministro, según la dispensación de Dios que me fué dada en orden á vosotros, para que cumpla la palabra de Dios, ...   Col 1:24-25

Pablo quería que los seguidores de Cristo en Colosas a entender que su sufrimiento no era algo que destruyó su alegría sino lo mejoró su alegria debido al avance del Evangelio, lo que llevó a muchos fuera de la servidumbre de la oscuridad recibiendo en el Reino de Dios (Col 1:13-14). Paul estaba siguiendo a Cristo y estaba apoderado por Él para presentar el mayor numero posible ante Dios, *completa* en Cristo, antes del Dia del Juicio (Col 2:28–29).

De manera similar, Pablo dijo a los corintios que estaban compartiendo en los aflicciones de los seguidores de Cristo en curso debido a la guerra espiritual con Satanás como ellos proclamaron el Evangelio (2 Cor 1:3-11; 4:7-10). Luego pasó a decir a los Santos que reside en Corinto que la Santos de Macedonia, que también estaban siendo afligido por su confianza en Dios, ya que siguieron a Jesús, estaban experimentando una gran alegría a través de su generoso comportamiento hacia los demás (2 Cor 8:1-4). Paul también alentó a los Tesalonicenses a seguir haciendo el trabajo de Dios a pesar de las aflicciones que estaban sufriendo mientras seguían Cristo. Pablo y sus compañeros de los trabajadores se regocijaban porque los Santos de Tesalónica continuaban creciendo en su fe (1 Tes 2:14-3:13).

Experimentar la Alegría de Jesús a través de Discipulado Obediente

El Seguimiento de Jesús: Aprendices Todos los Días

> He aquí, yo estoy á la puerta y llamo: si alguno oyere mi voz y abriere la puerta, entraré á él, y cenaré con él, y él conmigo. Ap 3:20

Jesús es nuestro ejemplo perfecto y líder. Jesús tiene el placer de hacer y decir las cosas que su Padre celestial desea (Juan 4:34; 8:26-29). Al igual que el Padre, Jesús ama a todas las personas muy caro. ***Jesús vino a servir, no para ser servido*** (Mt 20:28; Mc 10:45). Pasó constantemente su tiempo y energía enseñanza como sanó a los enfermos y echó fuera demonios. Su principal enseñanza a todos era "ir y no peques más" (Mt 3:2; 4:17; 11:20-24; cf. Jn 5:14; 8:11). Hubo muchas noches que Jesús dejó allí donde había estado ministrando sin un lugar adecuado o como dormir (Mt 8:20; Lc 9:58). Hubo muchos momentos en los que Él podría haber usado un poco de descanso, pero Él trabajó en traer la luz a tantos como sea posible durante su corta estancia en la tierra. Todo esto culminó con muchos pidiendo su muerte y la liberación de un delincuente conocido, Barabas (Mt 27:11-22; Mc 15:6-13; Lc 14:13-21; Jn 18:37-19:16). Jesús no pide la simpatía de nadie, pero pide por nuestro amor y obediente servicio a los demás en respuesta a Su servicio obediente y sufrimiento para todos (Jn 15:10).

A pesar de que muchos comienzan hacia fuera a querer un salvador, pero no un Señor, cada individuo debe finalmente elegir si él o ella desea seguir a Dios y Su modo solidario de la vida o seguir el actual líder del mal en nuestro mundo, Satanás, y su destructiva formas de vida contra a Dios (Jn 3:36; 8:43-46; 14:23; 1 Jn 3:7-10; cf. Deut 30:15-16; et al.). *A medida que sigue avanzando el tiempo, algunos vienen a un lugar en sus vidas en las que quieren experimentar la bondad de Dios más plenamente y* ***recibirlo como Señor y salvador***. Cuando eso sucede, Dios les engendra espiritualmente en su santa familia y comienza su obra de moldeo y darles forma a su imagen (Ef 1:13-14; Rom 6:22). En la Biblia, este proceso se llama santificación. Nuestra palabra Inglés es traducido del hebreo del Antiguo Testamento, qadosh, y

Experimentar Discipulado Obediente 123

el griego del Nuevo Testamento, hagios. Ambas palabras, qadosh y hagios, normalmente se traduce como "santo". La primaria idea detrás de ambas palabras es que uno está viviendo una vida que se distingue de las normas de este mundo, dedicadas a Dios, emulando la vida moral de Dios y Sus normas.

No hay espacio para los seguidores tibios (Ap 3:16). Cuando los individuos siguen a Cristo, Dios transforma sus mentes a el mente de Cristo, ellos que piensa como Cristo y Él se les autoriza a seguir Su dirección en lugar de Satanás. Si uno sigue en pos de Satanás a sabiendas o no, él o ella se queda en ese camino ancho que lleva a la separación eterna de Dios (1 Jn 5:19).

¿Qué Estás Diciendo?

A partir de lo que ya ha leído, usted sabe que usted ha sido creado por Dios para ser parte de Su eterna santa familia muy unida. ¡Este es el propósito principal de la existencia! Dios quiere que se unan voluntariamente a él y su familia. Cuando usted da a su vida voluntariamente a él para la justificación y el desarrollo, Dios obra en su vida dar forma a su carácter a ser más y más como el carácter de su Hijo Jesús. Si usted muere físicamente o se toman a Dios sin morir (un rapto), Dios completa su obra en sus hijos obedientes (Rom 8:28-30; 1 Jn 3:1-2), y cuando se pone de pie delante de él, usted entra en Su lugar en la eternidad dentro de Su familia, usted será moralmente como Cristo de pie delante de Dios revestido de su justicia sin ningún pecado (2 Cor 5:21).

Dios pide a todos para responder a su gran amor por medio del arrepentimiento, la obediencia a su Palabra inspirada escrita, y la obediencia a Su Hijo como el Espíritu Santo guía. Antes de hacer un compromiso de seguir a Jesús, nadie puede asearse justamente lo suficiente para estar presentable en su propia justicia (Rom 3:23), pero la buena noticia es Dios recibe que tal y como eres. Si tenemos un deseo de hacer la voluntad de Dios y venir a Él ha comprometido a seguir a Jesús como nuestro Señor y Salvador, es Dios el que nos limpia de nuestros pecados (2 Cor 5:21; Col 2:13-14; 1 Pe 2:24). En el comienzo de una vida comprometida con Dios, aprendemos a confiar en Él y obedecer

Experimentar la Alegría de Jesús
a través de Discipulado Obediente

cada vez más con nuestra creciente comprensión de su gran amor por nosotros.

En este momento de su vida, es mi oración que usted se han vuelto más conscientes a través de la Palabra de Dios, cuánto te ama y te quiere recibirlo a usted en Su vida. Si nunca ha sometido a Dios, pidiéndole que sea el *Señor y Salvador* de su vida, ahora es el momento.

Hablemos Compromiso

Hablemos de compromiso:
(1) ¿está en un lugar en su vida donde se sabe que Jesucristo se encarnó como un bebé, vivía una vida de servicio, murió en una cruz por la eliminación de su pecado, fue enterrado, y fue levantado de los muertos tres días después, de acuerdo con la Escritura (Jn 1:29; 3:14-17; Lc 1:26-35; 1 Cor 15:4)?;
(2) ¿entiende que el pecado causa la falta de armonía, daño y destrucción y debe ser eliminado de su vida con el fin de que se le puede reconciliarse con Dios y los demás (Rom 6:17-23; 2 Cor 5:17-21)?; y
(3) ¿sabes que todo el mundo es un pecador y en necesidad de un salvador (Rom 3:21-26; 6:23; Gál 3:13-14, 24)?

Mucha gente va a la iglesia, leen sus Biblias, vaya a estudios de la Biblia, hacer buenos planes de seguir a Cristo, pero nunca hacer un sólido compromiso de seguir a Cristo. *Muchos en nuestras iglesias hoy en realidad nunca han salido en la fe y empezó a seguir a Cristo*. Si le gustaría ser parte de la familia eterna de Dios y no lo ha hecho todavía, esto es lo que se requiere: *se comprometen a seguir a Jesús, un paso de fe, y comience a seguir!* Lo que Dios dice a su pueblo a través de su profeta Malaquías acerca de la confianza y la obediencia con respecto al diezmo es aplicable a la vida de todo el mundo en todos los ámbitos de nuestra relación con Dios y con los demás cristianos. *¡Prueba a Dios!* Un paso de fe / confianza que conduce el Espíritu Santo y ver cómo Dios va a usar, y te bendeciré (Mal 3:10).

En atencion al amor pura de Dios, que ha sido demostrado por Sus acciones para todos y se muestra por medio de Sus palabras como registrado en la Escritura, ¿usted ha llegado a un lugar donde usted puede confiar Él lo suficiente como para dar a El su vida (1 Jn 4:16; cf. 1:3; Rom 10:9-13)? Una vez que haya vuelto a Dios y usted haya sometido a Su Señorío (arrepentimiento; 2 Pe 3:9), Él nunca perderá ni abandonará a usted (Jn 10:9-17, 27-30).

Jesús pide a todos los que están considerando la posibilidad de sumisión a su señorío a considerar lo que está pidiendo antes de presentar (Lc 14:26-33). Él le dice a todos los que deseen ser parte de la familia de Dios que si no están dispuestos a unirse a él para la edificación de la sagrada familia eterna de su Padre, el Padre no permitirá a ellos que sean parte de Su familia (Jn 15:1-2, 8). Las órdenes de marcha de Jesús para todos los miembros de la familia tienen un punto en común, Como vas (viviendo sus vidas) *haced discípulos* [Mt 28:19]. Sin estar dispuesto a seguir la dirección de Dios para ayudar a conciliar un mundo perdido a Él mismo (Mt 7:21; cf. Jn 7:17), los individuos no serán apoderado por el Espíritu Santo que *les permite* ser discípulos de Cristo(Lc 14:27, 33; Hech 1:7-8).

A medida que nos acercamos a la actualidad un lugar de compromiso, me acuerdo que todos necesitamos a Jesús como Señor y Salvador en todos los aspectos de nuestras vidas. Yo sé que Dios guiará a todos los que le escuchan a Él, fuera de una vida insatisfecha en uno lleno de paz interior, alegría, y gran expectacion. Además, sé que a medida que las personas comienzan a escuchar a Dios, sus vidas cambian para mejor inmediatamente y para siempre (Rom 6:22). Dentro de un período de tiempo relativamente corto, su familia y amigos serán bendecidos. No hay mayor regalo para un padre, cónyuge o hijo que para un ser querido para iniciar el seguimiento de Jesús.

Ok, *ahora* es el momento. Si aún no lo ha vuelto a Dios, debe hacerlo ahora. Es hora de hacer un compromiso para seguir a Jesús. Recuerde que Jesús no acepta seguidores tibios. ***Dios vendrá de inmediato a su vida a través del Espíritu Santo que vive dentro de ti; y él comenzará a hacer su personaje como el carácter de Cristo. Él comenzará a transformarte***. Entonces usted será capaz de caminar en el amor de Dios y bendecir a muchos. Si tiene intención de esperar hasta que usted se convierte en lo

Experimentar la Alegría de Jesús a través de Discipulado Obediente

suficientemente justo para acercarse a Dios, usted esta esperando para siempre. Todo el mundo necesita la ayuda de Dios en llegar a ser justo. *Así que vamos a orar a Dios pidiendo perdón de nuestros errores y comprometerse a seguir a Jesús.* Esta oración o una similar a nuestro Padre Celestial, que conoce su corazón, *y confiar en él para comenzar su obra redentora y transformar en forma inmediata a usted*:

> Padre Celestial, gracias por enviar a Jesucristo, quien hizo el universo, a morir en nombre de todos. Yo sé que me amas más allá de mi comprensión. A través de la muerte de tu Hijo Jesucristo, que nos ha proporcionado el único manera de eliminar todo mi pecado y sustituir mi pecado por su rectitud. Les pido su perdón de mis pecados y prometo mi fidelidad y lealtad a usted por siempre. Yo sé que el pecado me ha impedido tener una estrecha relación personal con usted, y me someto a su Señorío. Me pidele a usted quitar mi pecado y me hacen justos para siempre. Por favor, ayúdame a caminar en sus caminos santos y seguir su líderazgo. A cambio, me comprometo a seguir a Cristo tan fielmente como sé. Confío en usted y su capacidad para permitirme hacer su voluntad, andar en sus caminos, y por último me trae en su presencia eterna. A medida que Usted levantó a Jesús de entre los muertos y lo colocó a Él eternamente en su mano derecha, sé que va a levantar y me coloque en su presencia eterna como un miembro de su eterna santa familia muy unida. Padre, gracias por crearme y pacientemente esperando mi sumision . ¡Tu eres digno! Oro para que de ahora en adelante, mi vida va a traer honor y gloria a usted como la gente ve mi vida cada vez más y más como la vida de Jesús. Amén.

Ser Liberado por Dios

¡Bien, ahora lo has hecho! Si ha orado para que la oración o uno similar al que ahora o en el pasado, los ángeles en el cielo celebran con Dios (Lc 15:7, 10, 22-24). Dios comienza su vida reconciliada con Él diciendo al resto de la Iglesia, "*Liberenlo, ahora!* [John 11:43-44]" Él necesitaba Lázaro para ser liberada de sus envoltorios de entierro, cada uno de los nuevos seguidores de Cristo necesitan la ayuda del Cuerpo para eliminar las envolturas de este mundo, que refrenarlos una vida santa.

Dios espera que usted conecta-si no ya está conectado--a una iglesia local, y espera que los miembros de esa iglesia tienen un interés genuino en que lo liberando de sus pensamientos y acciones mundanas a través de una correcta asimilación de la Palabra de Dios, cual proviene del estudio apropriado, la correcta aplicación de Su Palabra, y un corazón sumiso a su enseñanza y el liderazgo.

Ahora que ha vuelto de sus pecados y su actual forma de vida para seguir a Jesús (arrepentimiento), **la vida va a ser nuevo y excitante**. Ahora eres diferente: usted es oficialmente un hijo de Dios, un rey y sacerdote, un embajador, que recibe órdenes de Jesucristo, el Rey de todos los reyes. Es importante que, al igual que todos los hijos de Dios, Usted permanece estrechamente conectado con Dios a través de la lectura y la correcta aplicación de su Palabra inspirada y autorizada. Jesús dijo que sus discípulos conocerán la verdad si permanecen en su Palabra:

> Y decía Jesús á los Judíos que le habían creído: Si vosotros permaneciereis en mi palabra, seréis verdaderamente mis discípulos; y conoceréis la verdad, y la verdad os libertará.   Juan 8:31-32

Por obedientemente sirviendo a Dios y leyendo y aplicando su Palabra, Dios enseña a los seguidores de Jesús la realidad, liberando ellos mas y más del pecado disminuyendo dentro de ellos. Y cuando se mantengan en Su Palabra y siguen Su dirección, Él continúa trayendo en Su forma de pensar y los trae en estrecha alineación con Él (Rom 12:1-2; 1 Cor 2:16).

Experimentar la Alegría de Jesús a través de Discipulado Obediente

La Obra del Padre y Tu Desarrollo

En realidad, el Padre es el que en última instancia hace la conformación final y el recorte en la vida de todo el mundo (Jn 15:1-2), y usa el Espíritu Santo para ayudar a todos los seguidores de Cristo conocer su voluntad (1 Jn 2:27; Phil 2:13). Da a los seguidores de Cristo gran consuelo saber que son lo suficientemente importante para que el Padre que Él no da esta responsabilidad a un otro. Dios Padre asume la responsabilidad primaria para el desarrollo de sus hijos obedientes y controla los acontecimientos hasta el punto de que los seguidores de Cristo se desarrollan correctamente.

Como el Padre se asegura de que sus hijos obedientes a adquirir una comprensión adecuada del mundo (cosmovisión) (Rom 12:1-2; cf Jn 8:31b-32), El desarrolla su paciencia, bondad, justicia, fidelidad, mansedumbre y control de sí mismo a través de la dirección del Espíritu Santo en todo de sus hijos que estan escuchando a El (Gál 5:22-23). Además de todos los testigos de (Juan 15:1-5, 8; Mt 28:18-20; Hech 1:8; 1 Pe 2:9), *Dios usa a los seguidores más maduros de Cristo para desarrollar el menos maduro el fin de construir todo el Cuerpo de Cristo* (Ef 4:11-16; cf. 1 Cor 12:4-7). Vamos a ver las areas servicios potenciales de los seguidores de Cristo en el siguiente capítulo ya que consideramos habitando con Dios en sus vidas personales en este lado de la eternidad.

8

Residiendo con Dios

Jesús dijo que *sólo aquellos que tenían el deseo de **hacer la voluntad del Padre** le conocemos* (Jn 7:17; 8:39-47; Mt 25:31-46; Rom 2:13). También dijo que habría algunos que le llamó "Señor" y no estaría con él en el Cielo porque **no habían hecho la voluntad del Padre** (Mt 7:21). Si alguien quiere conocer a Dios, él o ella debe estar dispuesto a seguir Su ejemplo. Dios no pesa las actividades buenas y malas de la gente durante toda su vida para ver si han hecho lo suficientemente bueno para entrar en el Cielo. *Se requiere la perfección*; y nadie que no sea Cristo ha vivido una vida perfecta (Rom 3:23; 2 Cor 5:21). De hecho, es imposible para nosotros vivir una vida perfecta. En realidad, sólo Dios acepta a las personas en Su familia eterna que están dispuestos a permitir que Él les forma a ellos en la imagen moral de Jesucristo en y siguen en obediencia Él. *¡No hay ningún lugar en la sagrada familia eterna de Dios para los seguidores tibios de Cristo* (Ap 3:16). *¡Dios requiere un compromiso con acción correspondiente!*

Al igual que en la época de Malaquías, Dios quiere que confiemos en Él lo suficiente para hacer nuestra parte en el apoyo de su Reino. Una cosa es saber acerca de algo, es algo más que amar a Dios ya los demás lo suficiente para involucrarse. Dios pide a todos a escuchar a Él, aprender a devolver su amor, y dar un paso de fe y tratar de hacer su voluntad. Nuestro Creador esta buscando de y trabajando con todos los que aman y honran a Él a través de sus acciones, así como sus palabras (Lc 6:46; Ap 22:12). ¿Está dispuesto a avanzar y consolidar la voluntad de Dios para su vida más plenamente? En este capítulo se debe ayudar a aquellos, que desean conocer más a fondo su lugar especial en la familia de Dios, y experimenta más alegría a medida que responden a Dios. Los que siguen de cerca a Jesús, experimentarán más y más de Su alegría. Es importante recordar que sólo Dios guía a los que le escuchan. Si usted es un seguidor de Cristo, Dios te pondrá a trabajar haciendo su parte. *Todo el mundo es importante para Dios y todo el mundo que lo escucha a Él, se comiense en Su familia eterna por él y tiene un lugar de servicio.* Todos los que escuchan a Dios venir a entender que todo el mundo está viajando a través de esta parte de la eternidad, viajando hacia el Cielo Nuevo y la Tierra Nueva o viajando hacia el Infierno.

Los seguidores de Jesús son *radicalmente diferentes* al mundo. Mientras que los seguidores de Cristo viven fuera de este breve parte de la eternidad, se les recuerda a mantener su enfoque en él. Ellos viven con el amor de Dios que crece en su corazón, que a su vez altera radicalmente su perspectiva hacia los demás. Como seguidores de Cristo diaria camina en fe, *crecen en su amor a Dios ya todos los* (1 Jn 4:16) y se vuelven más y más dispuestos a sufrir y el sacrificio en nombre de otros y experimentan un mayor y mayor paz interior y alegría (Jn 15:8-11; 17:13; y Heb 12:2). *Esto presenta una paradoja para aquellos que no están siguiendo a Cristo porque sin un auténtico amor a Dios ya los demás, uno normalmente no van a experimentar placer al ayudar a aquellos para los que él o ella no ha ganado una preocupación genuina* (Jn 15:12-13; 1 Jn 3:16-18; Col 1:24; 3:10-17). A través de las buenas obras individuales y colectivas de los seguidores de Cristo para todos, *el mundo tiene la oportunidad de comprender la naturaleza amoroso de Dios* (Mt 5:16; Col 3:10).

Jesús espera que sus seguidores para ayudar a otros con sus necesidades físicas como Dios guia (Mt 25:34-40), pero aún más importante, Él espera que sus discípulos para ayudar a otros a ser discípulos y para ayudar a crecer en su relación con Dios (Mt 28:18-20; 2 Cor 5:17-21). Con el fin de hacer esto, los discípulos de Jesús deben ser intencionalmente buscando la voluntad de Dios, ya que ayudan los otros saben acerca de Dios y sus santos maneras. *Este es el honor, el privilegio, y el deber de los seguidores de Jesús para involucrar a las personas dondequiera que se encuentren en su camino espiritual y ayudarlos a que conozcan bien al único Dios verdadero.* También es importante que los seguidores de Cristo advierten a la gente acerca de la guerra espiritual sucede a su alrededor. Todo el mundo necesita saber que

Residiendo con Dios

Satanás todavía está tratando de engañar y matar a tantos como sea posible (1 Pe 5:8; 2 Cor 11:13-15).

Habitando

... Y la tierra no se venderá rematadamente, porque la tierra mía es; que vosotros peregrinos y extranjeros sois para conmigo. . . . Lv 25:23

Mas *nuestra vivienda es en los cielos*; de donde también esperamos al Salvador, al Señor Jesucristo.
. . .   Flp 3:20; cf. Heb 11:8

Bendito el Dios y Padre de nuestro Señor Jesucristo, que según su grande misericordia nos ha regenerado en esperanza viva, por la resurrección de Jesucristo de los muertos, Para una herencia incorruptible, y que no puede contaminarse, ni marchitarse, reservada en los cielos. Para nosotros que somos guardados en la virtud de Dios por fe, para alcanzar la salud que está aparejada para ser manifestada en el postrimero tiempo. . . . 1 Pedro 1:3-5

¡Estamos viajando por este mundo! Estamos en peregrinación con Dios y entre sí a medida que unirnos a él en el rescate de la mayor cantidad posible ponerlos en Su eterna santa familia muy unida. Nuestro caminar con Dios está cumpliendo su propósito en la Creación (Ef 2:10; 2 Tim 1:8-9), que consiste en crear una familia libre de carácter más cerca de él que Su ángeles fieles quien no se unieron a Satanás en su oposición a Su autoridad (Ap 12:7-12). Cuando aceptamos el amor de Dios por medio de Jesucristo, nos volvemos niños totalmente conciliados y trabajan con Dios realizar de nuestro papel como Sus sacerdotes y Sus representantes en la tierra (Éx 19:5-6; 1 Pe 2:9-10).

Como representantes de Dios, hemos de proclamar la realidad de la Creación de Dios y actuar como mediadores entre Dios y el hombre. No estamos para establecerse y ser satisfecho usando nuestros talentos personales y bendiciones de Dios

Experimentar la Alegría de Jesús a través de Discipulado Obediente

exclusivamente para nosotros y nuestras familias. Hemos llegado a reconocer que nuestra vida física es sólo una pequeña parte de nuestra vida eterna, y que hemos sido llamados a ser colaboradores con Dios (1 Cor 3:9; 2 Cor 5:17-6:1). Hemos sido totalmente reconciliados con Dios con todos los derechos legales y emocionales de descendientes directos. ***Tenemos un hogar eterno con Dios*** para cual esperamos y sabemos tendremos para siempre en el futuro y sabemos que en poco tiempo las pruebas y los desafíos de este siglo serán terminado (Fil 3:20; Ti 2:11-14; Ap 21:1-7), por lo tanto, queremos aprovechar al máximo el tiempo que Dios nos da en la tierra para monstrar otros el camino a Cristo.

Los seguidores de Cristo no han recogido pases al Cielo y están a la espera de volver a casa, y que no podemos esperar sentada en el banquillo en calidad de espectadores que miran a Dios en el trabajo! ***Los seguidores de Cristo se dedican plenamente con el Creador*** (Jn 5:19; 15:5; 1 Cor 3:9). *Tienen el privilegio, el honor y el deber de en representación de Dios en la tierra* de los que viven sus vidas bajo los engaños y el liderazgo de Satanás (1 Jn 5:12, 19; cf. Jn 8:34-47). Tienen los seguidores de Cristo ***gran alegría*** ver el mayor número posible ***rescatado*** por Dios de sus estilos malos de vida actuales y futuras impíos eterna vergüenza y sufrimiento, ya que reciben a Dios en sus vidas (Rom 6:22; Ap 3:20).

Ser "en Cristo"

Ser "en Cristo", que significa "tener una relación estrecha y obediente con Cristo," es crítico. Es nuestra obediente estrecha asociación con Cristo que nos da acceso al Padre y nos permite pedirle habilitación para superar el mal como nos llevar a otros a Él (Ef 2:18; 6:10-20). Sin Cristo, no podemos saber la voluntad del Padre. Cuando nos siguen fielmente a Cristo, estaremos enseñó Su voluntad (Fil 2:13). Estar "en Cristo" es la única manera de que alguien encuentra la verdadera paz, ya que reciben más y más la mente de Cristo (1 Cor 2:16). El Espíritu Santo obra en todos los seguidores de Jesús para llenalos con gran amor, alegría y paz interior (Gál 5:22-24). A través de la obra del Espíritu Santo, Dios reordena sus prioridades y los seguidores de Cristo se regocijan en formar parte de su gran operación de rescate.

Los discípulos de Cristo están siendo moldeadas diariamente por Dios mismo a ser más y más como Jesús (Jn 15:2; Rom 8:28-29; Ef 4:11-14). Los verdaderos seguidores de Cristo comprenden la importancia de seguir sus mandamientos incluyendo el que los dirige a salir y hacer discípulos de cada grupo de personas del mundo (Mt 28:18-20). *Hacer discípulos significa más que introducir a la gente a Dios, sino que también significa tomarse el tiempo para capacitar a aquellos que deciden seguir a Jesús.* La enseñanza de los caminos de Dios a aquellos que no lo conocen bien a Dios requiere tiempo y esfuerzo.

El Cuerpo de Cristo Y Unidad con Dios

Los que están "en Cristo" son también parte del Cuerpo de Cristo. Cristo es la cabeza del cuerpo, la Iglesia (Col 1:18). La frase "Cuerpo de Cristo" aparece en el Nuevo Testamento en diversas formas para representa el cuerpo literal de Cristo o en sentido figurado representa cómo sus seguidores trabajan juntos como *Su representante corporal* a lo largo dentro de la Era Mesiánica.

Algunos escritores del Nuevo Testamento usaban las imágenes de un cuerpo humano para representar el trabajo colectivo de los seguidores de Cristo, *ya que someterse a Su dirección* con el fin de llevar a cabo su obra de salvación en curso. A partir de estas imágenes metafórica, dos atributos críticos de Los seguidores de Cristo están observado:

(1) la unidad divina; y
(2) la capacidad sinérgica y la fuerza que se obtiene a través de la utilización de los talentos individuales combinados cuales son iluminados y capacitado por el Espíritu Santo para el bien de todo.

En su imaginería metafórica del Cuerpo de Cristo, Pablo quiere que todos los seguidores de Cristo para comprender la importancia de cada miembro. ***Todo el mundo es importante y tiene trabajo que hacer.*** Al considerar cualquier cuerpo vivo física, cada miembro, ya sea el pie, mano, oreja, ojo, corazón, pulmones, riñones, y la lista sigue, tiene una importante función que contribuye a la capacidad general y el bienestar de ese cuerpo (1 Cor 12:12-25).

Teniendo en cuenta cómo los diferentes miembros de una obra cuerpo físico que viven juntos por el bien de la totalidad, Paul hicieron hincapié en la importancia de ***la unidad*** entre los diversos miembros del Cuerpo de Cristo (1 Cor 12:26-27). Pablo estaba pidiendo a los Corintios para unir bajo la enseñanza y el liderazgo de Cristo y seguir sus maestros y líderes locales, tales como a sí mismo como individuos que estaban directamente bajo la autoridad de Cristo. No debe haber divisiones en cualquiera de las iglesias locales sobre cualquier cosa, incluyendo las enseñanzas de sus líderes locales, como Pablo, Pedro (Cefas), y Apolos. Los seguidores de Cristo tuviera que estar ***unidos bajo el señorío de Jesucristo*** (1 Cor 1:10-15; 3:1-8) vivir una vida santa (Ef 4:1-3).

En Efesios, Pablo hizo hincapié en la importancia de que los gentiles y judíos cristianos para tratar igualmente unos a otros como miembros de la familia sin tener en cuenta de los prejuicios que tenían aprendieron a través de sus diferentes formas religiosas y culturales de la vida (Ef 2:11-22). Comenzó su enseñanza mediante el uso de dos imágenes metafóricas para ayudar a los cristianos a entender la unidad divina del Cuerpo de Cristo:

> (1) Pablo usó la idea de que el Judio y Gentil Christians deben estar viviendo sus vidas como miembros de una unifamiliares. En su imaginería metafórica, Pablo afirmó que Cristo había destruido to *mesotoichon tou phragmou*, "el centro de la pared que divide", que los dividió por medio de su muerte de cruz (Ef 2:14). En esta imagen metafórica, Paul trajo a la mente una forma común de vivir en el mundo mediterráneo del siglo I a través del cual las familias que viven en las ciudades a menudo vivían en grandes edificios subdividen en las zonas de vida de la familia por "paredes intermedias." Estos "paredes intermedias" fueron sólidos sin puertas y ventanas que proporcionan la separación de las familias y las empresas, y

uno desde los otros.³³ Pablo no estaba abogando por que todos los seguidores de Cristo viven juntos, pero él estaba diciendo a su audiencia que ahora ellos pertenecían a *la misma* familia, la familia de Dios; y
(2) Pablo pasó a utilizar una segunda imagen metafórica que indica que a través de la obra redentora de Cristo, se reconciliaron en "un solo cuerpo" (Ef 2:16).

Pablo llegó a afirmar explícitamente que tanto Judio y gentiles *cristianos* eran miembros de una misma familia, la familia de Dios, lo que les hizo ser a los familiares y compañeros de los ciudadanos de Su Reino Eterno (Ef 2:19). Cerró esta importante enseñanza sobre la unidad de los cristianos mediante el uso de una última imagen metafórica. Los seguidores de Cristo podrían considerarse metafóricamente como partes individuales de una gran casa de Dios, que está continuamente en construcción hasta que se añade la última persona. El fundamento de la morada de Dios consiste en profetas y apóstoles con Jesús mismo la piedra angular (Ef 2:20-22).

La Iglesia

La palabra griega *ekklesia*, que se entendía en el siglo I como "ensamblaje", ahora está siendo traducido normalmente por muchos como "la iglesia." "Ensamblajes" en el primer siglo que normalmente eran llamada reuniones ya sean religiosas, políticas, o general. Pablo enseñó a sus diversas asambleas locales que se reunieron en las casas, sinagogas, y otra estructuras (Heb 10:23-25), *que el Señor Jesús resucitado seguía siendo el Señor activo de la Iglesia en todo el mundo* (Col 1:18). Le dijo a los seguidores de Cristo en Corinto, "Usted es el Cuerpo de Cristo, de hecho, *un miembro de una parte del todo* [1 Cor 12:27]." Los seguidores en Corinto era una parte de la Iglesia cual residia en región particular, que era una parte de todo el Cuerpo de Cristo de todo el mundo, la Iglesia (1 Cor 12:28).

Después de que Jesús murió en la cruz por toda la humanidad y ascendió a gobernar desde la diestra de su Padre que está en los cielos (Ef 1:18-23), vemos un cambio importante del pueblo de Dios de la nación de Israel al pueblo de Dios del nuevo Israel, que consta de todos los que se convirtió en fieles seguidores de Cristo (Gál 6:16; Fil 3:3). Inicialmente, todo el pueblo de Dios salieron de la nación de Israel, pero dentro de los primeros 20 años después de la ascensión de Jesús, muchos gentiles habían comenzado el seguimiento de Cristo (Hech 15:3). Dentro de 30 años, Pablo dijo que el Evangelio había sido dado a conocer a todas las naciones (Rom 16:26). Muchas gentes de diversas naciones habían decidido seguir a Jesús.

Con la ascensión de Cristo para sentarse a la diestra del Padre, Él llegó a ser conocido como el Rey de la Paz y Eterno Sacerdote (Heb 7:1-8:6). Cuando se finaliza la Creación, todo el mundo-guarda y no salva-someterá al señorío de Cristo, el cual, a su vez la mano sobre todo al Padre para que el Padre sea todo en todos (1 Cor 15:28; cf. 11:3; Ef 5:23).

Durante presente reinado de Jesús sobre los Cielos y la Tierra, la Iglesia, su Cuerpo, lo representa a Cristo en la Tierra. La Iglesia ya no está obligada a mantener las ordenanzas de la nación de Israel que las actividades culturales reguladas (Hech 15:4-21; Ef 2:13-16; Col 2:9-23), ni las leyes de sacrificio, que se cumplieron en la muerte de Cristo expiatorio (Heb 7:26-27; 8:13; 10:4, 10-14). Esto permite a la Iglesia a seguir el estilo de vida moral de Dios en todas las culturas, siempre y cuando esas prácticas culturales no violan las normas morales de Dios (Rom 3:31; 6:1-2; 7:12). Dondequiera que la gente de Dios viven, se espera que viven con cuidado de acuerdo a los estándares de Dios moral para todos (Ef 4:1-6; 1 Pe 1:17-19).

Denominacional, raciales, generacionales, socio-económicos, y políticos paredes se han construido por Satanás quien ha provocó la humanidad luchar contra Dios y sus planes buenos para todos. Los seguidores de Cristo deben desmantelando estas paredes dentro de sus iglesias locales, ya que viven sus vidas en Cristo. Por lo tanto, los seguidores de Cristo deben permitir que Dios enseña sus corazones para amar como Él ama y viven juntos como miembros de una misma familia. La Iglesia universal es la parte de la santa familia eterna de Dios que vive actualmente en la Tierra. Se necesita actuar en consecuencia.

Caminar con Otros en Nuestras Iglesias Locales

¡La Iglesia, ante todo, es la familia de Dios! Todos los verdaderos seguidores de Jesucristo son parte de la misma Unido y tienen el mismo sustentador de estar en ellas (Ef 4:1-6). Los seguidores de Cristo en todo el mundo y en local deben permitir que Jesús enseñarles más completa sobre la familia de Dios y su estado final con perfecta unidad divina, la "unidad", que se convirtió en realidad a través de su muerte, como cordero de sacrificio para el mundo (Jn 1:29; 17:20- 23). Todos los seguidores de Cristo deben esforzarse por la unidad de Dios en el aquí y ahora.

Los miembros de cada iglesia local en todo el world deben ser tan cuidar unos de los otros que ellos son capaces de compartir sus pensamientos más íntimos entre sí sin tener que preocuparse por la información sensible que se utilizan contra ellos más tarde a causa daño adicional. Miembros de la iglesia deben amarse los unos a los otros como Dios los ama por lo que es posible vivir en la transparencia entre sí. Ese tipo de vida trae consigo la alegría y la paz divina.

Dentro de cada iglesia local, Jesús debe ser la origin de la paz interior y alegría en los corazones de sus miembros. Si hay poco o no paz y alegría, usted y sus compañeros miembros necesita ayunar y orar en busca de la ayuda de Dios en la eliminación de pecado y caminar más de cerca con él hasta que le da un gran avance. Los miembros de las congregaciones que están caminando cerca de Dios *experimentarán* una gran emoción, la alegría y la paz como la gente continuamente vienen a Dios para ser parte de su familia.

Siendo Sociales

Juan el Apóstol proclama que Dios es luz, y en él no hay oscuridad. Él continuó diciendo,

Experimentar la Alegría de Jesús a través de Discipulado Obediente

> Si estamos caminando / viviendo en luz, como Él (Dios) es la luz, tenemos *koinōnia*, "estrecha comunión" unos con otros y la sangre de Jesucristo, su Hijo, nos limpia de todo pecado.   1 Juan 1:7

Este pasaje de la Escritura establece claramente que *si alguien no hace o no tiene estrecha comunión con otros seguidores de Cristo, él o ella no están caminando con Dios*. En realidad, las personas que están siguiendo Cristo deben sentirse estrechamente conectadas con el resto de seguidores de Cristo.

Como seres sociales piadosos, debemos ser voluntarios con el fin de hacer nuestra parte dentro de la familia de Dios. Cuando los miembros de la familia están haciendo su parte, van a experimentar la unidad más cerca de Dios y la alegría. Considere la posibilidad de vivir en su casa por un momento. Piense en la importancia de los padres enseñar a sus hijos a hacer su parte. Si los niños no aprenden a ayudar con el trabajo de base alrededor de la casa y el jardín, crecen con una desventaja en la gestión y el cuidado de sus propias familias en el futuro. También es importante por el bien en curso de la salud familiar que cada miembro haga su parte o la totalidad de la familia sufrirá. Si algunos no son socialmente responsable, otros tienen que hacer más de lo debido, lo que lleva a alejarse de otras áreas de sus vidas. Esto es contrario a la voluntad de Dios para nuestras familias personales, las familias de la iglesia local, e incluso de las Familias Mundiales. Que Dios nos ayude a trabajar juntos como Su familia en la Tierra. **Es solamente a través del liderazgo de Cristo que podemos aprender a trabajar juntos de una manera piadosa**. Cada congregación debe esforzarse por caminar en santidad **centrándose en Jesús como Señor** de sus vidas. Si Jesús es colocado en cualquier posición de liderazgo menos en el primer lugar, no se necesita mucho tiempo para aquellas congregaciones se conviertan en egoístas e ineficaces.

Conociendo y Empleando Sus Talentos

Es Dios el que está trabajando en todos ustedes,
para desear y trabajar de acuerdo a su buena
voluntad.   Fil 2:13

Somos su hacer, habiendo sido creados en Cristo
Jesús para buenas obras, las cuales Dios ha
preparado de antemano con el fin de que podamos
vivir nuestras vidas en consecuencia.   Ef 2:10

Dios es el que da a cada persona sus asignaciones, y es Dios, que hace un deseo en el corazón de cada persona** para hacer esas asignaciones*. Además, ***es Dios quien da a cada persona la capacidad para llevar a cabo sus asignaciones. Cada persona en la familia de Dios tiene asignaciones para ayudar a nuestras familias locales y nuestras familias internacionales para funcionar más suavemente. Dios ha dotado a cada persona con habilidades especiales para que cuando los seguidores de Cristo utilicen su diversidad adecuadamente, la familia de Dios opere en una forma más productiva atraves del empoderamiento del Espíritu Santo (1 Cor 12:12-27): la producción combinada de todos los que trabajan bajo el señorío de Jesús es mucho mayor que la suma de todo el trabajo individual (sinergismo). Esto es cierto en los niveles locales de la iglesia y en nuestro nivel internacional combinado.

Cada uno de los discípulos de Cristo deberían *estar buscando la perfecta voluntad de Dios* para sus vidas para que puedan crecer en eficaces, amantes de sus respectivas iglesias locales. Cada uno debe buscar la voluntad de Dios para encontrar su lugar dentro de sus asambleas locales por lo que sus iglesias locales pueden estar trabajando al máximo rendimiento en sus ministerios locales, regionales, nacionales y mundiales. Así como cada uno de los seguidores de Cristo recoge su cruz siguiendo su ejemplo, ellos *aprenderán* cómo utilizar mejor sus talentos individuales ayudándose unos a otros y testificando con poder divino para el mundo. Cada seguidor verdadero de Cristo es una nueva Creación (2 Cor 5:17) sometiéndose en formación constante en justicia por Dios el Padre (santificación) (Jn 15:1-2; Rom 6:22; Gál 5:22-23).

Sus Regalos / Talentos

¿Entonces, qué hay acerca de sus dones / talentos de Dios? Muchos de ustedes ya han descubierto para lo que son buenos y para lo que no lo son. Sin embargo, si usted todavía está luchando con la comprensión de sus talentos que Dios le dio, hay muchas pruebas espirituales claras disponibles que muestran a los individuos sus puntos fuertes y débiles en general. Sin embargo, no deje que cualquier resultado de la prueba se convierta en su guía automática para el servicio dentro de su iglesia local y más allá. **Ore y pida a Dios que le revele Su deseo para su trabajo**. Dios va *a iniciar* un deseo en su corazón para hacer lo que Él lo ha diseñado a lograr. Puede que no coincida con sus habilidades aparentes mayores. En realidad, las habilidades son importantes, pero sin Cristo nadie puede hacer ningún trabajo de valor espiritual. Las batallas espirituales que nos rodean son demasiado grandes para la humanidad sin líder y el empoderamiento de Dios.

Pablo enseñó a los Corintios, que a pesar de que no todos fueran unos grandes evangelistas, unos grandes predicadores, o unos grandes maestros, todos tenían un papel importante en el Cuerpo de Cristo (1 Cor 12:11-31). Algunos serán carpinteros, otros cocineros, otros contadores, y la lista continúa. Pero la única tarea que todos los seguidores de Jesús tienen es el privilegio, honor y el deber de compartir las Buenas Nuevas de Dios y su creación de una familia eterna santa muy unida. Toda su familia que vive en la tierra tiene la alegría y la responsabilidad de testificar.

Cada posición dentro de la familia de Dios es importante. Dios no tiene favoritos y todos sus hijos son amados así como Él ama a Jesús (Jn 17:23). Por lo tanto, disfrute de todo lo que Dios ha designado que haga. Recuerde, Dios es el que lo ha creado con talentos únicos, y si usted está siguiendo a Jesús, es Dios quien le da el deseo de cumplir con su parte de la Creación y la capacidad para llevarlo a cabo (Flp 2:13).

Residiendo con Dios

Su viaje con Dios comienza con la sumisión a Cristo y continúa cuando da un paso de fe y encuentra su lugar en el Cuerpo. Después de someterse a Jesús y comprometerse a vivir de acuerdo a Su Palabra, *la última parte importante de conocer la voluntad de Dios se establece cuando da un paso de fe (confianza) y participa en su creación.* Considere cómo podría bendecir a su iglesia local y otros a través de la llamada de Dios en su vida. Si de alguna manera entiende mal el llamado de Dios y empieza en un camino que no funciona, Dios le ayudará a moverse a un lugar más apropiado de servicio. Es mucho más fácil para que Dios le ayude a encontrar una coincidencia más cercana a su deseo, si usted está sirviendo en alguna capacidad en lugar de no hacer nada.

Empoderamiento Según Sea Necesario

En su libro, *The Journey*, Billy Graham nos recuerda a todos que cuando uno se somete al señorío de Dios que no estamos solos. Cuando alguien se somete a Cristo como Señor y Salvador, *Dios les da un destino totalmente nuevo con un nuevo propósito y con poder*. A los seguidores de Jesús se les da una nueva vida. Esta *nueva vida* incluye una nueva relación con Él y otros como un miembro de su familia santa eterna y la ciudadanía en el reino de los cielos.[34]

Si estamos siguiendo a Jesús, Dios nos dará el poder para llevar a cabo nuestros ministerios asignados. En realidad, las batallas espirituales están más allá de nuestra capacidad sin Jesús a la cabeza. A través de Jesucristo y la vida en el Espíritu Santo, el Padre suministra la autoridad competente, la energía, los recursos, el talento, y el ánimo a todos y cada uno de los seguidores de Cristo. *Es el empoderamiento atraves de Cristo que permite a sus discípulos a trabajar juntos de manera efectiva con alegría ayudando a todos* (Hech 1:8; Ef 3:16, 20; Flp 4:13; 2 Tim 1:7; cf. Ef 6:10-20- el poder de Cristo). Es el Espíritu Santo, que ilumina y funciona en cada uno de los discípulos de Cristo, ya que aportan un mundo perdido a Dios a través de sus acciones y palabras (Rom 8:14; 1 Cor 2:13; Ef 1:13; 2 Tim 1:14).

Experimentar la Alegría de Jesús a través de Discipulado Obediente

El Caminar Hacia Fuera en la Fe

Dios pide a cada uno de los seguidores de Cristo que ayuden a otros en un nivel individual, de familia, de iglesia local, y en nivel de toda la comunidad como parte de su vida diaria. Aunque Dios no está pidiendo a ***todos*** los seguidores de Cristo entrar en el ministerio a tiempo completo, Él está pidiendo a todos a salir en la fe y participen mientras El los guía. Como seguidores de Cristo escuchen a Dios, hagan sus partes asignadas ayuden a familias de la iglesia locales anunciando el Evangelio. A través de la oración, buscando la utilización del talento piadoso, y ministrando bajo Cristo y Sus supervisores nombrados locales, Dios ayuda a todos los seguidores de Jesús a servir a otros, individual y colectivamente.

Una vez que una persona ha hecho un compromiso genuino de seguir a Jesucristo, sólo hay una cosa por hacer: *¡hacerlo!* Somos justificados y capacitados sólo cuando ***confiamos y obedecemos*** al Hijo enviado. Nos unimos a Dios en su obra de salvación, porque somos justificados y facultados por Cristo a través del Espíritu Santo. Por lo tanto, vamos a hacer con ***alegría*** nuestros trabajos asignados, no por resentimiento, ni miedo, sino de un gran amor a Dios tal como se desarrollan nuestros corazones.

Es muy crítico para los seguidores de Cristo dar un paso de fe y de hecho seguirlo. *¡Implementación importa!* Considere este escenario potencial personal:

> (1) usted mira un puesto de verduras en el lado de la carretera vendiendo verduras muy buenas cultivadas frescas de la región a un 80% de descuento al precio local;
> (2) usted aprovecha la oportunidad y compra algunas verduras frescas para el resto de la semana pensando en unas buenas ensaladas frescas y verduras al vapor que son buenas para su salud;
> (3) usted lleva a su casa de las verduras frescas y los guarda planeando empezar a usarlas a partir de mañana; y

(4) usted nunca se toma el tiempo para hacer la primera ensalada ni tampoco hiso la primera bandeja de verduras al vapor y todas se estropean.

¿Qué tipo de beneficio sacaste de la compra de esas verduras frescas? ¿Ves el problema? Deseando algo e incluso invertir en algo no significa que va a beneficiarnos en la planificación y la inversión. Hay muchas personas que tienen todo tipo de buenos planes e inversiones, tales como máquinas de ejercicios y libros de autoayuda solo coleccionando polvo. *¡Si usted no sigue adelante y pone en práctica sus planes e inversiones, nunca le hará ningún bien!*

Este es el mismo fenómeno que se está produciendo continuamente en nuestras iglesias locales contemporáneas. Muchos se reúnen de forma regular con los demás y hacer planes para tomar en serio su caminar con Cristo. Pero, a través de los engaños de Satanás, los deseos personales, y muchas formas de ocupaciones la mayoría no hace un compromiso sólido y lo implementa saliendo en fe y verdaderamente lo sigue a Él. En su libro, *Beyond Belief to Convictions*, Josh McDowell y Bob Hostetler dicen que si las personas no siguen algo atraves de algo que los inspira en cuestión de horas después de una inspiración, muchos se olvidan y siguen adelante como si nada hubiera ocurrido.[35] Cuando usted está inspirado por Dios, y está convencido por el cambio que debe hacer en su vida, hace un compromiso, da un paso de fe, y vive en consecuencia.

Los Seguidores de Cristo Están en la Misión

Por medio de Jesucristo, Dios ha cumplido su promesa para todos, haciendo lo posible para cada una ser bendecido por medio de Abraham, que caminaba en obediencia fiel con Dios (Gn 12:1-4; 15:6; cf. Heb 11:8-12). Cuando Jesús llevó a cabo su misión al venir a nosotros en nuestro nivel humano proclamando el gran amor de Dios y la justicia por medio de Sus acciones y palabras, cumplió nuestros defectos de vivir perfectamente de acuerdo con la ley por medio de Su vida sin pecado y de su muerte redentora en la cruz (Jn 3:14-17; 13:1; Gál 3:13-14). Hizo posible la unidad perfecta de Dios para todos los que lo reciben a El (Jn 1:11-13; 17:20-23; cf. Ap 3:20). Jesús ha hecho el plan perfecto de Dios de la reconciliación posible y es revelada a todas las personas a través de la Iglesia (Ef 3:9-11).

El plan de Dios para rescatar *tanto* Judío y Gentil de la corrupción del pecado había sido ocultado a todos incluyendo a Satanás y sus malos compañeros de trabajo desde el inicio de la creación (Col 1:26-28). El Mensaje del Evangelio afirma claramente *que todos los que reciben libremente el Hijo enviado del Padre y se someten a su señorío han sido reconciliados planamente para Él por la eternidad.* Ellos nacen espiritualmente en Su eterna unida sagrada familia y se une a Dios como Él lleva a cabo el mayor rescate La misión de la eternidad (1 Pe 5:8-9; 2 Cor 11:13-15).

Siendo Luz

La misión de Jesús es también la misión de sus seguidores. Jesús es la luz del mundo: El expone la realidad (Jn 8:12; 8:31-32; 18:37). Después de la ascensión de Jesús, sus discípulos, *la Iglesia, se convirtió en la luz del mundo* (Mt 5:14). Ellos no ministran solos. Jesús y el Padre moran en ellos proporcionando la capacitación y orientación, según sea necesario (Jn 14:23; Hechos 1:8; 1 Jn 3:9). Si los individuos rechazan los seguidores de Jesús, ellos están rechazando en realidad al Padre y al Hijo (Lc 10:16). Jesús no deja a sus seguidores solos. El Espíritu Santo, el Consolador, los guía a ellos en toda la verdad hablada a ellos de palabras del Padre (Jn 16:7, 13).

La vida terrenal de Jesús era una representación exacta de la naturaleza de su Padre Celestial (Hebreos 1:3; Col 2:9). La vida terrenal de Jesús presenta una *imagen* visible del Padre invisible (Col 1:15). Si hubieras conocido a Jesús durante su vida terrenal, tu hubieras visto la naturaleza misma de Su Padre Celestial (Jn 14:9). Antes de desobedecer a Dios y ser corrompido por el pecado, Adán y Eva fueron creados a la imagen del Padre y del Hijo (Gn 1:26). Los seguidores de Jesús, la Iglesia, se renuevan en

Residiendo con Dios 145

la imagen de Jesús y el Padre (Col 3:10). Si los seguidores de Jesús actúan como Jesús, el Mundo conocerá la naturaleza de Dios. La Iglesia dirigida por Cristo a través del Espíritu Santo es el único representante del Padre en la tierra (Col 2:10; 2 Cor 5:17-21). Los seguidores de Cristo deben representar a Dios muy bien y ser una luz brillante en el mundo. La luz brillante revela la realidad; luz tenue permite mucho que ocultar.

Escuché una vez una historia acerca de una señora ciega que trabajaba en un aeropuerto ganándose la vida ahí vendiendo mercancía. Un día, estando en una gran prisa, un viajero volcó su puesto con toda su mercancía. Era tanta la prisa que no la ayudó a poner su puesto de pie ni hizo ningún esfuerzo para ayudarla a recuperar su mercancía, que había sido esparcida por todas partes. Todos los demás parecían igualmente en prisa y la señora ciega por sí misma pudo enderezar y poner de pie su puesto y luego gateo sobre el suelo sintiendo su mercancía. Ella estaba emocionalmente perturbada intentado recuperar su mercancía en medio de una multitud tan agitada. Por último, un viajero al ver su difícil situación se detuvo y se tomó el tiempo para ayudarle a recolectar toda su mercadería y colocarla en su puesto. Ella le dio las gracias por ayudarle y le hizo una pregunta sencilla antes de su partida, "¿eres tu Jesús?" ¿Cuántas oportunidades nosotros perdemos en un día regular, por estar absorbidos en nosotros mismos o simplemente demasiado ocupados para tomar el tiempo para mostrar a otros que es Jesús, quien vive en nosotros?

Inicialmente, los seguidores de Jesús esperaban juntos por la autorización de Dios, que ocurrió en Pentecostés, la Fiesta de los Primeros Frutos (Hech 1:8, 14; 2:1-47). *Después de haber sido autorizados*, ministraron juntos con un solo corazón y mente proporcionando un gran testigo,

> Todos los que estaban confiando en (Dios) estaban juntos y tenían todas las cosas en común, y fueron vendiendo y dividiendo sus bienes y propiedades (dando) a cada uno de acuerdo a lo que él o ella tenía necesidad; ya lo largo de cada día estaban juntos en una mente en el templo, y partiendo el pan de casa en casa, recibiendo (comiendo) alimentos *con gran alegría* y humildad de corazón alabando a

Dios, y teniendo gracia hacia todas las personas. Y el Señor estaba colocando los que habían de ser salvos juntos a través de cada día. Hechos 2:44-47

Ellos no vendieron *todos* sus bienes, *ni* se les obligaba a vender ninguna de sus posesiones para ser parte de la Iglesia (por ejemplo, Hechos 5:4). En realidad, los seguidores de Cristo del primer siglo todavía tenían la propiedad personal incluyendo viviendas, sin embargo, habían renunciado a toda su propiedad personal sobre todo por Dios (Lc 14:33). Ellos se esforzaban por ser buenos administradores de todo bajo su autoridad personal.

Observamos que a medida que los seguidores de Cristo fueron llenos del Espíritu Santo (nacidos de lo alto, nacidos del Espíritu), ellos estaban dispuestos a *compartir* con los demás. Una relación correcta con Dios, que es construida en amor, les enseño a ser verdaderamente preocupados por la gente que no era parte de sus familias biológicas inmediatas. Jesús dio todo, incluyendo Su vida para ayudar a todos. Jesús todavía se está dando a sí mismo para dirigir la Iglesia. De un creciente amor por Dios y los demás, los discípulos de Jesús están aprendiendo a dar como Dios da. Muchos de los primeros seguidores de Cristo vivieron en una unidad muy unida con un solo corazón y mente (Hech 2:42; 4:32). A medida que aprendieron a amar como Dios ama, ellos siguieron naturalmente a Jesús trabajando como "uno" en la unidad divina dentro de su familia (Jn 17:11, 20-23).

Como discípulos de Jesús proclamaban el amor de Dios, ellos en realidad estaban proclamando Su santidad, Su amorosa manera justa de vida. El amor y la justicia van mano a mano (Mt 22:37-40; Gál 5:14). El amor de Dios para todos establece. Las normas de justicia de Dios también provocan la ira/juzgamiento concluyendo en muerte, la separación de Dios, para todos los que rechazan su amorosa manera santa de vida (Rom 6:23).

Por lo tanto, con el fin de anunciar el Evangelio, *al igual que los discípulos mas cercanos de Jesús del siglo primero, los discípulos del siglo veinte-uno deben declarar la santidad de Dios, como parte del mensaje del Evangelio*. El Evangelio declara el amor de Dios y la obra justa a favor de todos, junto con su deseo de que todos se vuelven a él con el fin de salvarse de la corrupción

Residiendo con Dios

del pecado, que trae el juicio eterno (Rom 1:16-17; 6:1-7). El pecado debe ser abandonado y finalmente erradicado. Todo el propósito de la muerte de Dios es para proveer una manera para aquellos que quieran vivir con Dios y Su familia eterna para experimentar una purificación (justificación) mediante el cual se elimina el pecado y la naturaleza corrompida de cada uno es restaurada para la santidad (2 Cor 5:17-21; Col 2:13-14). El vivir en la santidad es lo que provee la paz eterna en el Cielo. Los hijos de Dios serán perfeccionados como Dios es perfecto (Lv 19:2; Ap 22:14-15).

Los seguidores de Cristo se deben ajustar a sus culturas con el fin de enseñar a la santidad y el plan de redención de Dios a todos los que escuchen. El Nuevo Testamento está lleno de acontecimientos históricos en los que los seguidores de Jesús ayudaron a el mayor número posible a darse cuenta de que su visión del mundo no era la correcta, ya que comparten la realidad de Dios, sus santos caminos, y su plan de redención. A través de los siglos, muchos han seguido a Cristo y proclamado la justicia de Dios incluyendo su obra de redención para todos. *¡Nuestra generación debe hacer lo mismo!*

Nunca es fácil tomar una posición firme cuando uno vive o viaja, anunciando la justicia de Dios a las personas que están disfrutando el pecado, que sólo dura una temporada. El pecado produce la corrupción y finalmente la muerte, si no se vuelven a Dios. No sólo los seguidores de Cristo serán impopulares la mayor parte del tiempo, habrá momentos en que Satanás alentara a los que no siguen a Dios a perseguir a los que si lo hacen. Pero, como Pablo enseñó, si los seguidores de Cristo no proclaman el Evangelio, ¿cómo aquellos que Viajan por el Camino Ancho de la Destrucción entenderán lo que realmente está pasando (Rom 10:14)?

Ser comprometidos

Se toma valor y el compromiso y dar el paso de fe para enseñar la Palabra de Dios cuando es impopular, pero bajo el liderazgo y la potenciación de Dios, algunos van a escuchar y ser salvo. Un alemán, Dietrich Bonhoeffer, fue un fiel seguidor de

Experimentar la Alegría de Jesús
a través de Discipulado Obediente

Jesús durante los años previos a la Segunda Guerra Mundial y fue martirizado en un campo de concentración situado en Flossenbürg el 9 de abril, 1945 justo antes del final de la guerra en Europa.[36] La vida de Bonhoeffer fue un ajuste de su cultura y hablo en contra de las cosas terribles que Hitler y muchos de sus líderes Alemanes estaban haciendo. Muchos de sus propios compatriotas no hablaría en contra de Hitler, ya sea por temor incluyendo la pérdida de la vida o posiblemente la pérdida del beneficio personal que se podría obtener por él después.

Bonhoeffer llamó a muchos de sus compatriotas a la tarea por no seguir las enseñanzas de Cristo y escribió un libro titulado, *The Cost of Discipleship* recordándole a la gente que el seguir a Jesús requiere el compromiso y la acción.[37] Después de pasar un par de años sufriendo en las cárceles Alemanas mientras se acercaba más y más a ser ejecutado, Bonhoeffer se dio cuenta de que seguir a Jesús depende de todo corazón entregarle la propia vida a Dios. Los seguidores de Cristo tienen que vivir la vida tan completamente como fuera posible confiando en Dios sin reservas en todas las circunstancias. El se dio cuenta de que el arrepentimiento era una verdadera conversión a Dios, tirándose uno mismo en los brazos de Dios. Al recurrir a Dios y depender de Él totalmente, así es como se convierte en un verdadero seguidor de Cristo, *un hombre renovado de* Dios. Se dio cuenta de que Dios -no importa cuáles sean las circunstancias- lo dirigiría a él y a todos los seguidores de Cristo a casa para llevarlos a sí mismo.[38]

Si deseamos conocer y hacer la voluntad de Dios hoy, necesitamos hacer lo que los seguidores de Jesús de las generaciones anteriores hicieron. Hasta que Jesús regrese, la Iglesia es la única semejanza de la naturaleza de Dios que el mundo verá. Nosotros debemos permitir que Dios aumente nuestra preocupación por todos. Nuestro mayor testimonio vendrá cuando nos demos cuenta de lo que somos en Cristo y actuemos juntos como los hijos reconciliados de Dios que somos. *La unidad divina y la paz correspondiente no llegarán a las personas, excepto a través de Jesucristo* (Gál 3:26-28). Los seguidores de Jesús, **sabiendo que la separación eterna de Dios es lo peor que le puede pasar a cualquiera**, debería ejercer tiempo, energía y recursos para hacer de Dios y su creación reconocida a todos los que lo escuchen.

9

Vamos a Glorificar a Dios

Jesús: "De esta manera es glorificado mi Padre: en que llevéis mucho fruto, de hecho ser mis discípulos."   Juan 15:8

En realidad, como los seguidores de Jesús son dirigidos por el Espíritu Santo (Rom 8:14), que revelan la naturaleza amorosa y justa de Dios a través de sus acciones y palabras a todos, y algunos que no han conocido a Dios se dan cuenta de que Él es bueno y Sólo con abundante misericordia para todos. Él es glorioso. Así como los seguidores de Jesús de todas las generaciones proclaman la naturaleza amorosa de Dios a un mundo corrompido por el pecado, algunos se dan cuenta de que Dios es digno de seguir y se alejan de Satanás y sus engaños en busca de una vida mucho mejor para ellos ahora y para siempre.

Jesús enseñó que los líderes religiosos de su tiempo no estaban cuidando a la gente de una manera santa cuidadosa y piadosa, por lo tanto, se va a perder su autoridad sacerdotal. Su autoridad sería dada a un pueblo que le seguiría produciendo el fruto del Reino de Dios (Mt 21:43). El fruto del Reino de Dios es el nacimiento espiritual para todos los que aprendan a someterse a Dios. Dios es digno de sumisión voluntaria. Jesús pide a los miembros de cada generación que estén dispuestos a seguir su liderazgo a morir a sí mismos y llevar a todos los que quieran escuchar a Dios para unirse a su familia eterna. Así como seguidores de Jesús le siguen, así experimentan con él su mayor alegría (Jn 12:24-25; 15:5, 11; 17:13).

Jesús dijo que sus discípulos harían mayores obras que las que Él hizo en la tierra refiriéndose a su trabajo futuro con él, trabajando bajo su dirección para llevar a muchos a la familia, en el reino eterno de Dios (Jn 14:12). Así como Jesús llamó muchos de ellos del siglo I en un discipulado obediente, ya que aprendieron a devolver el amor de Dios y el amor a sus semejantes (1 Jn 4:10-16), Él llama a discípulos obedientes de cada generación sucesiva para anunciar las buenas nuevas de su reino en crecimiento y sagrada familia eterna. Los seguidores de Jesús saben que el mensaje del Evangelio está facultado por Dios y la manera de vida de Dios es el único camino por el cual la gente puede encontrar la paz interior y la alegría divina ahora y para siempre (Rom 1:16; 6:22; 7:4; 8:23; Col 1:3-6).

La Misión Más Grande de la Iglesia

La misión más grande del Padre es también la misión más grande de su familia. La misión más grande del Padre es llevar a todos los que lo escuchen en Su eterna muy unida sagrada familia (Jn 3:16-17; 2 Pe 3:9). El Padre desea que todos vengan a un lugar apartándose de sus deseos y aspiraciones individuales a Su modo de vida de El (Mt 11:28-30; Lc 9:23; 2 Pe 3:9). Los que escuchen se convertirán en parte de su familia eterna de amor. Cristo dio su vida para ayudar a cumplir la misión más grande del Padre. Los seguidores de Cristo han de hacer su parte en conducir a los perdidos a Dios.

Jesús entendió su misión encarnada incluso antes de la creación física del universo (Ap 13:8; Hech 2:22-23), lo que le dio existencia bajo la guía del Padre (Jn 1:1-3; Heb 1:2) . Cuando un líder religioso, Nicodemo, vino a Jesús para entender su mesiánica obra de salvación, Jesús le dijo *que era necesario que uno naciera una segunda vez a través del Espíritu Santo con el fin de ver y entrar al Reino de Dios* (Jn 3:3, 5). Él continuó diciendo a Nicodemo que era necesario que Él, el Hijo de Dios, muriera con el fin de que los que confiaran en Dios nacieran por segunda vez proporcionando la salvación para todos los que estaban confiando en Dios (Jn 3:14-15). Este sería su nacimiento espiritual en la sagrada familia eterna de Dios. Continuo diciendo que su Padre Celestial amaba tanto a todos que lo había enviado al mundo en el momento justo para hacer precisamente eso (Jn 3:16-17; Gál 4:4-5). Así es como Jesús vino al punto de terminar la parte principal de su misión y morir por todos (Jn 13:1, 3), oró que sus

Vamos a Glorificar a Dios 153

seguidores experimentar la plenitud de la alegría que él experimentaba *al mirar más allá* del dolor y la humillación de morir en una cruz para la salvación que Él se pone a disposición para todos los que aprendan a confiar en Dios en toda la creación (pasado, presente y futuro) (Jn 17:13; Heb 12:2; cf. Heb 10:4-14). Para aquellos que están dispuestos a morir a sí mismos y seguir a Jesús, que experimenten la alegría de Jesús llevando a otros a Dios (Jn 15:5, 11).

Conocer el amor de Dios y la misión principal de Jesús ayuda a los seguidores de Jesús a morir diariamente a sí mismos y ser unos grandes testigos que se unen a Dios en su vida y trabajo de transformación. Así como los discípulos de Jesús aprendieron a escuchar y obedecer Su voz con más detalle, y tener una comunión más y más estrecha con Dios y con los demás y hacer mucho más eficaz su testimonio haciendo discípulos. Hay muchos dentro de nuestras familias, iglesias locales y las comunidades locales que necesitan conocer a Dios. Estas personas comprometen nuestros campos de misión diaria. Necesitan ver a Dios trabajando en y través de nosotros, cuando atendemos nuestras necesidades físicas y espirituales (Mt 25:34-40; 28:18-20). Uno de los libros de Max Lucado, *Out Live Your Life: You Were Made To Make a Difference*, ofrece un sonido de reflexión con ejemplos prácticos sobre cómo los seguidores de Cristo deben estar ayudando a los que les rodean.[39]

Experimentar la Alegría de Jesús: una Segunda Mirada

Sin la victoria de Jesús sobre la muerte espiritual, nadie estaría completamente terminado a la imagen de Dios conforme a su semejanza y vivir con Él para siempre. El autor de la carta a los Hebreos afirma que debido a la alegría de que es posible para que todos puedan ser rescatados, salvados de las consecuencias mortales del pecado (Col 1:13; 1 Ts 1:10), Jesús sufrió una muerte en una cruz despreciando la vergüenza de morir como un criminal común (Heb 12:1-3; cf. Gál 3:13-14). Su alegría se hizo completa por Su obra sacrificial en nombre de todos porque Él estaba salvando a los que ama profundamente. *No hay mayor alegría* que ayuda a salvar a los que amas profundamente en la vida presente

Experimentar la Alegría de Jesús
a través de Discipulado Obediente

del pecado continuo y una vida eterna de sufrimiento y vergüenza. Si está siguiendo a Jesús, usted guiara a otros a Dios, para que puedan experimentar la alegría con Dios, que habita en vosotros, así como él y sus fieles ángeles se regocijan por cada persona que se vuelve a El (Lc 15:7, 10, 31-32).

Si usted desea experimentar más amor, alegría y paz interior, *deje que Dios le muestre* **la importancia de su participación espiritual** *en la construcción de su reino eterno y su familia que El cuida*. Dios muestra a todos los que le escuchan la importancia de sumergirse a su voluntad, morir a uno mismo, y recibir la mente de Cristo, lo que permite experimentar la alegría de Jesús al ayudar a otros a convertirse a Dios (1 Cor 2:7, 12, 16). Pablo usa la idea de "haber sido crucificado con Cristo" para ayudar a expresar la idea de renunciar a las ambiciones y deseos personales de uno con el fin de completar la obra de Dios para ayudar a que el mundo lo sepa de Él (Gál 2:19-20). Pablo muriendo a sí mismo y sufriendo en nombre de aquellos que escuchan a Dios le trajo a El gran alegría (Col 1:24). Esto es lo mismo para todos los seguidores de Cristo. Como Cristo vive en una estrecha relación con cada uno de sus seguidores ayudándoles a ellos a saber y hacer la voluntad del Padre, ellos aprenden a morir a sí mismos y experimentarán mucha más alegría posible que haciendo las cosas que son agradables para ellos mismos.

La misma vida de Jesús se cumplió complaciendo a su Padre Celestial (Jn 4:34). Él experimentó grandes niveles de paz y alegría interior a través de la obediencia consistente y en el permanente amor a su Padre. Los seguidores de Jesús también pueden experimentar esta gran paz interior y alegría por la obediencia que permanece en el amor a Jesús (Jn 15:10).

Como cada uno de nosotros considera sus propias vidas, sería bueno llegar hasta el punto de darse cuenta de que cada uno de nosotros tiene una cantidad limitada de tiempo en este lado de la eternidad para ayudar a otros a conocer a Dios. Así que, ¿qué vamos a hacer con nuestro tiempo? Vamos a desperdiciarlo y gastarlo todo en nosotros mismos y nuestras familias, o vamos a darle tiempo de regreso a Dios mientras buscamos agradar a Aquel de quien fluyen todas las bendiciones y que nos ha creado para ser parte de su familia eterna?

Vamos a Glorificar a Dios

Una Obra de Amor: la Gran Comisión

Antes de su ascensión para gobernar el cielo y la tierra de la mano derecha de su Padre, Jesús dijo a sus discípulos inmediatos y todos los futuros,

> Toda autoridad en el cielo y en la Tierra se me ha dado a mí. Por lo tanto, mientras que vivan sus vidas, *hagan discípulos* en todas las naciones, bautizándolos en el nombre del Padre, del Hijo, y del Espíritu Santo, enseñándoles a mantener todo lo que os he encomendado. Y he aquí! Estaré con todos ustedes todos los días hasta la finalización de la Edad. Mateo 28:18-20

Durante la Era de la Gracia, la Era Mesiánica, Jesús ordena a todos sus seguidores a hacer discípulos de *todas* las naciones del mundo. *Se origina a partir del amor de Dios para todos, este es el comando de un general dado a todos*.

Como los seguidores de Cristo vivían sus vidas aprendiendo diario a amar a Dios y al prójimo con más detalle, proclamaban el mensaje del Evangelio, la Buena Nueva, a través de *sus acciones, así como sus palabras* y desarrollan discípulos de todos los que recibían a Jesús como Señor y salvador. *Cada uno de los seguidores de Cristo tiene el honor y el privilegio de participar con Dios en su creación* continua invitando a todos a recibirlo en Su muy unida eterna sagrada familia. A través de la obra de convicción del Espíritu Santo y por medio de Jesús Cristo y de liderazgo y ministerio continuo atraves de sus seguidores, algunos comienzan a caminar con Dios volviendo a casa.

Testificando por Jesús

Si aquellos que no han comenzado a escuchar a Dios empiezan a sentir que los seguidores de Jesús tienen un amor genuino por ellos, hay muchas más posibilidades de que ellos escuchen. A través de la obra del Espíritu Santo, Dios ayuda a los seguidores de Cristo a desarrollar una verdadera preocupación por los perdidos y se regocija con ellos a medida que siguen Su ejemplo llevando a muchos de las tinieblas a su luz. Dios ilumina y da poder a los seguidores de Cristo, y como resultado, los seguidores de Cristo buscamos una oportunidad para involucrar a sus culturas con el fin de enseñar la santidad *y* el plan de redención de Dios a todos los que escuchen.

Incluso bajo una gran presión, los discípulos del primer siglo de Jesús llevaron a la gente a Dios (por ejemplo, Paul-Col 1:24; cf. 2 Cor 4:7-11; 16-18). *¡Nuestra generación debe hacer lo mismo!* Debemos llegar a entender más plena e intensamente dentro de nuestros corazones y nuestras mentes que *la separación eterna de Dios es lo peor que le puede pasar a cualquiera*. Como hemos llegado a comprender la importancia del mandato de Jesús de *hacer discípulos*, se hace evidente que debemos entender algunos de los conceptos básicos de compartir la verdad de la creación de Dios con otros. La mayor testificación es básicamente estar dispuesto a *compartir la vida* con los que nos rodean en nuestras interacciones cotidianas (Jn 14:6). Jesús nos enseña que al aprender a confiar y obedecerle por amor (no temor), vamos a hacer las obras que EL ha hecho, pero incluso en un nivel mayor, porque Él está con el Padre conduciéndonos (Jn 14:12). A medida que aprendemos a amar a los demás y compartir la verdad sobre como Dios nos ama a todos, Dios añade a diario a su familia a los que aprenden a devolverle Su amor.

Testigos Intencionales

Dios usa el Espíritu Santo y los seguidores de Cristo para ayudar a todo el mundo a conocer la realidad que incluye su obra redentora para todos:

(1) a través de *la enseñanza personal del Espíritu Santo* sobre la creación (Rom 1:18-32; 2:11-16; cf. 1 Jn 2:27);

(2) a través de *la enseñanza de convicción del Espíritu Santo* con respecto al pecado, justicia y del juicio venidero (Jn 16:8-11); y
3) a través de *las enseñanzas de los seguidores de Cristo* sobre Dios y su Palabra a través de sus acciones, así como sus palabras (Rom 10:14-17; Mt 28:18-20).

Así como los seguidores de Cristo comparten las Buenas Nuevas con los que no están siguiendo a Jesús, y les dicen acerca de: (1) el amor de Dios, (2) el libre albedrío, (3) el pecado personal, (4) la obra redentora de Dios, y (5) el arrepentimiento personal, cada una escuchando el Evangelio es personalmente responsable por su respuesta. Así como seguidores de Cristo comparten, los que oyen pasan por momentos de despertar espiritual. Durante estos tiempos de despertar espiritual, cada persona tiene la oportunidad de darse cuenta del efecto dañino de pecado personal y tomar una decisión consciente para volverse de uno mismo a Dios (arrepentimiento). Incluso si no son conscientes de lo que Dios les está obligando a tener en cuenta, que están obligados a contar el precio a someterse a él y seguir a Jesús y luego tienen que tomar la decisión de recibirlo o rechazarlo a Él-hacer ninguna decisión es lo mismo que rechazar a Dios (2 Pe 3:9; Lc 14:22-33; Rom 10:9).

Escrituras Básicas para la Presentación del Evangelio

Al presentar el Evangelio a alguien, debe ser sensible en donde el otro está en su comprensión de Dios. Los rangos pueden variar significativamente de algunos que han sido engañados hasta el punto de pensar que no hay un creador a aquellos que saben que Dios existe y los ama profundamente pero no quieren someterse a su señoría. Cada vez que uno testifique, ellos serán e nfrentados a una persona única. Los seguidores de Cristo deben estar preparados para personalizar su presentación de Evangelio según el lugar único que el que recibe la Buena Nueva se encuentra.

En cualquiera y todos los casos, hay algunos principios bíblicos básicos discutidos más adelante que todo el mundo debe saber. Todos deben estar listos para discutir los fundamentos básicos del libre-albedrio de la creación de Dios y la obra de redención, que está disponible para todos. Muchos de los pasajes que apoyan estas verdades fundamentales no necesitan ser memorizados, pero hay algunos que deben ser memorizados como veremos a continuación.

En la mayoría de las presentaciones del Evangelio, normalmente es bueno comenzar con una visión general de la creación de Dios como se describe en Génesis capítulos del uno al tres. El objetivo principal de la creación era crear una familia de voluntarios libres a la voluntad de Dios. La humanidad fue creada a imagen de Dios conforme a su semejanza (Gn 1:26-27) con la capacidad de obedecer o desobedecer (Gn 2:16-17). Dios en su última instancia, está buscando una relación mutua reciproca alternativa con sus hijos. La primera pareja eligió desobedecer a Dios (Gn 3:6) separando toda la humanidad durante un tiempo del contacto directo con él (Gn 3:22-24). Antes del comienzo de la Creación física con Dios sabiendo todas las cosas de antemano, el Padre que trabajo con su Hijo y el Espíritu Santo planeando la muerte de su Hijo a fin de eliminar el pecado y sus efectos a partir de los que lo recibirían en sus vidas como Señor y Salvador (Hech 2:22-24; Ap 13:8). Cuando Dios haya terminado de añadir los miembros de su familia eterna santa, El finalizará su Creación atraves de la perfección (sin pecado) y una forma eterna final (cuerpo resucitado) para todos los que lo recibieron (2 Cor 5:21; 1 Pe 2:24; Fil 3:20-21; cf. 1 Tes 4:13-17) y el juicio para todos los que no lo hicieron (2 Pe 3:7; Ap 20:11-15).

El corazón del mensaje del Evangelio es acerca de cómo el Hijo de Dios, el Mesías Jesús, murió voluntariamente en la cruz sufriendo pena y el dolor (Heb 12:2), de modo que todos los que aprendan a confiar y obedecer a Dios sus pecados serán eliminados junto con toda propensión al pecado (Rom 8:28-30; 2 Cor 5:21; 1 Pe 2:24). Este increíble milagro llegó en un gran costo para Dios atraves del sufrimiento y la separación del padre y del hijo durante tres días del Hijo en el infierno (Seol) pagar la penalidad por nuestros pecados (separación de Su Padre Celestial) (Hech 2:23-36). La buena noticia es que, si bien todos tienen pecados y están privados de la vida en perfecta santidad según Dios (Rom

3:23), resultando en la separación eterna de Dios (Rom 6:23), cada uno de todas las edades se puede hacer completo con la eliminación completa de pecado, aprendiendo a regresar al amor de Dios (1 Jn 4:10-16) y confiar en Él y obedecerlo (Jn 3:16, 36; 14:23; 15:10). Dios le da sus nonos que confían y obedecen un nacimiento espiritual en su familia (Ef 1:13-14; Rom 8:14; Jn 1:11-12), y se convierten en nuevos (2 Cor 5:17) teniendo la mente desarrollada de Cristo (1 Cor 2:16). Después de haber nacido espiritualmente en la familia eterna santa unida de Dios, de un amor genuino creciendo y preocupado por los demás, los seguidores de Cristo comienzan a hacer su parte en llevar a otros a Dios para que la mayor cantidad posible, pueden ser salvados (Mt 28:18-20).

Hay una presentación gráfica del Evangelio en el *Apéndice A*, que se encuentra en la parte posterior de este libro. Algunas de las escrituras más importantes en relación con el mensaje del Evangelio se han colocado asteriscos delante de ellas. Si no tiene estos versos críticos memorizadas, con oración considere la posibilidad de hacerlo. **La muerte de Jesús en la cruz es el único puente** entre el eventual destino del hombre caído de ir a un lugar eterno de aislamiento de Dios comúnmente llamado infierno o volverse a Dios por medio de Cristo y recibir la vida eterna sin pecado con Dios (Jn 14:6; 2 Cor 5:21; 1 Pe 2:24). Cuando los individuos se apartan de sí mismos a Dios (arrepentimiento) y pedirle a Dios que perdone sus pecados y guie sus vidas (2 Pe 3:9; Rom 10:4), y son conducidos a la sagrada familia eterna muy unida de Dios atraves del nacimiento espiritual (Jn 1:11-13; 3:3, 5; Ef 1:13-14), que se hace posible a través de la muerte expiatoria de Jesús (Jn 3:14-16). Eventualmente, todos los hijos de Dios van a estar en su eterna presencia en la Nueva Gloria y la Tierra viviente con Él en sus cuerpos resucitados perfeccionados (Ap 21:1-6; Flp 3:20-21).

Ser Testigo a través de Conversación

Mark Mittelberg y Bill Hybel, en su libro, *Becoming a Contagious Christian*, discuten la facilidad con que los seguidores de Cristo puede ser testigo de forma intencionada. Afirman que el testimonio debe estar motivado por el amor (Jn 3:16-17; 2 Cor 5:14; 1 Jn 4:10-19). Debido a que Dios es relacional y ha creado a Sus hijos a ser relacionales, ellos toman el tiempo para construir relaciones a medida que buscar oportunidades para hablar del gran amor de Dios y Sus acciones correspondientes justos Él realizó para todo el mundo. También es importante comprender que la mayor de las personas quien estamos en contacto con en nuestra vida diaria, nos demos cuenta o no, que prestan gran atención de lo que hacemos, así como lo que decimos. Es importante vivir, a la vista de todo el mundo, una vida santa que expresa con precisión la naturaleza el cuidado de Dios.[40]

Más tarde, en su libro, Mittelberg, Strobel, y Hybel discuten otro concepto importante que se debe considerar: ¿cómo se puede pasar de lo natural a lo espiritual en las conversaciones cotidianas? Ellos discuten la idea de buscar maneras de construir una puente de comunicación de lo natural a lo espiritual.[41] En algunos casos, algunos creyentes individuales ya han comenzado a escuchar al Espíritu Santo y están ansiosos de discutir Dios. Pero, normalmente, tendrá que averiguar cómo hacer la transición la conversación de nuestro mundo natural para hablar de Dios y Su realidad. Usted tendrá que llegar a un estado de cuenta o plantear una pregunta que involucra a Dios para ver si la otra persona tiene un deseo de hablar de temas espirituales. Podría ser tan simple como decir algo como: "No sé lo que haría sin la guía y la ayuda de Dios." Si la persona es receptiva, entonces usted será capaz de desarrollar una conversación espiritual a través de la dirección de Dios para ver qué tan lejos usted debe continuar la conversación.

Con tantas cosas que suceden en nuestras vidas, la parte más importante del testimonio es estar dispuesto y deliberadamente abierta a la dirección de Dios en cualquier momento durante el día. *¡Sea intencionadamente listo para iniciar una conversación espiritual!* Entonces, como conduce el Espíritu Santo, sea sensible a la longitud y la profundidad de cada encuentro testimonio. Yo he tenido momentos en los que solamente he sentido la dirección de Dios para hablar con alguien sobre Dios durante unos minutos, y en otras ocasiones, he hablado durante horas. Dios le mostrará a través de acciones y palabras cuánto tiempo y en qué nivel se debe discutir a Él.

Desde mi experiencia personal, ha sido normalmente bastante sencillo para comenzar una discusión espiritual basada en eventos personales o compartidas. En muchos casos, como usted desarrolla una relación más estrecha con alguien, Dios le ayudará a tomar oportuna transiciones en discusiones espirituales. Como usted está desarrollando real relaciones santas con los demás, es bueno para introducirlos a otros que también son seguidores de Cristo de modo que ellos pueden ver más claramente lo que el seguimiento de Jesús podría ser similar. Para algunos, puede ser tan fácil como un simple invitación a ir con usted a alguna función o actividad diario en la que Cristo puede ser discutido, incluyendo cenas o encuentros personales en su hogar, servicios de la iglesia, estudios bíblicos, y / o eventos especiales.

Hay muchos libros y videos disponibles que tratan sobre las diversas formas de dar testimonio *intencionalmente* a los demás. Un par de libros adicionales a considerar son Bill Hybels, *Just Walk Across the Room*, y Dick Innes, *I Hate Witnessing*.[42] Si usted busca Dios, El le ayudará a decir a los demás acerca de Él, Él te dará el poder y le mostrará cómo testificar con eficacia teniendo en cuenta la personalidad única de la persona.

El Desarrollo y la Multiplicación de Discípulos

> Y él mismo dió unos, ciertamente apóstoles; y otros, profetas; y otros, evangelistas; y otros, pastores y doctores; Para perfección de los santos, para la obra del ministerio, para edificación del cuerpo de Cristo; Hasta que todos lleguemos á la unidad de la fe y del conocimiento del Hijo de Dios, á un varón perfecto, á la medida de la edad de la plenitud de Cristo.   Efesios 4:11-13

Al permitir que Jesús nos guíe, nos enseña a hacer la buenas obras de Dios. Una gran parte de ese trabajo es el desarrollo de la familia de Dios para que los seguidores de Cristo pueden tomar colectivamente cuidado de unos a otros y se convierten en testigos productivos. Dios quiere que los que son más maduros en Su familia para ayudar a aquellos que son menos maduros. Después de llevar a la gente a Cristo, que es muy importante que el más madura y el mas experiencia en Cristo enseñan los menos maduros cómo vivir *todo* lo que Jesús mandó y ser testigos fieles.

En su libro, *The Journey*, Billy Graham nos recuerda que las personas que han decidir recientemente a seguir a Cristo son, en realidad, como niños recién nacidos con respecto a su comprensión de las cosas espirituales.[43] Puede haber barreras para el crecimiento espiritual, como el pecado continua, la presión intempestiva de familiares, amigos o allegados, las sorpresas de la vida, o la confusión en cuanto a lo que se espera de un seguidor de Cristo.[44] Los seguidores más maduros de Cristo deben enseñar y guiar (por ser un mentor) aquellos que son menos maduros. Es un privilegio para los más maduros para ayudar a los menos maduros crecen más y más a la semejanza de Cristo.

Es *el deber, el honor y privilegio* de los seguidores más maduros de Chrst para ayudar a aquellos que son menos maduros crecen en su comprensión y su camino con Cristo y con otros (Mt 28:20; Hech 2:42). Los seguidores más maduros de Cristo deberían proporcionar regularmente tiempos de adoración colectiva, reuniones periódicas de grupos pequeños, estudios bíblicos, clases de discipulado especializados, y los tiempos reales de ministerio activo para ayudar a crecer todo el cuerpo. ¿Si los miembros maduros no ayudan a hacer y desarrollar nuevos discípulos, *incluyendo a sus propios hijos*, quienes ellos enseñan conocer a Dios, entonces quien mostrará nuestras generaciones futuras cómo conocer y cómo seguir a Jesús y explican Su gran amor permanente y la obra redentora de Cristo a la perdida de sus generaciones?

Leer la Palabra de Dios con Precisión

Es importante que *todos* los seguidores de Jesús permanecen continuamente en la Palabra autorizada de Dios, la Biblia, leer y vivir hacia fuera la Palabra de Dios in su camino diario con Cristo (Jn 8:31b-32; Rom 12:1-2). Si no lo hacen, Satanás será lenta pero segura reacondicionar sus mentes hacia la aceptación de sus mentiras y engaños (Jn 8:43-44; 2 Cor 11:13-15). Sabiendo que Cristo quiere que todos Sus seguidores a ser más y más como Él; y ellos deben ensenan a todos la importancia de leyendo la Palabra de Dios todos los días y permaneciendo en comunión con él en todo momento a través por el Espíritu Santo en oración que es continual. La oración debe ser una calle de dos vías todo el tiempo, uno de hablar a Dios y uno de escuchar a Dios como Él habla en cambio (2 Tes 5:17).

Permaneciendo en la Palabra de Dios, orando sin cesar, y manteniendo una mente abierta, obediente a la dirección de Dios, es fundamental para el éxito de todos los seguidores de Cristo.

Como seguidores de Cristo estudian la Palabra inspirada y autorizada de Dios, caminan en fe, ponen en práctica lo que dice la Palabra de Dios, y siguen la guía del Espíritu Santo, ellos llegarán a conocer de manera más completa la voluntad de Dios. Es importante estudiar la Palabra de Dios de no malinterpretarla por obligándola a decir algo distinto de lo que significa o tratar de coincidirla con lo que le han enseñado por otros o lo que es posible que prefiera que la Palabra de Dios signifique. Es de suma importancia para todos los que quieren entender la Palabra de Dios para permitir que Dios les enseñe lo que *Él está diciendo* a través de los que escribieron bajo Su inspiración. Es un error común leer en la Palabra de Dios lo que queremos en lugar de permitir que Dios enseñarnos con precisión lo que está diciendo en realidad.

A medida que estudia la Palabra de Dios, es posible que desee tener una o dos buenas traducciones literales (equivalentes formales), como una Biblia de las Américas (LBLA) y / o una versión estándar Inglés (ESV) y una traducción lingüística reconstruida (equivalente funcional) como el NIV, que reformula el texto original en texto que se utiliza más comúnmente en la actualidad. Tome en cuenta que los comités de traducción para traducciones lingüísticamente reconstruidas como la NVI ya se han tomado las decisiones de traducción considerables para sus lectores, ya que traducen el original idiomas para usted. Personalmente, yo evitaría la NVI (Nueva Versión Internacional) debido a su nivelación de género, lo que distorsiona algunos de la Palabra de Dios. Las traducciones de Vida, a veces llamados parafraseados traducciones, son útiles para obtener más de todo punto de vista, pero no los recomiendan para la comprensión en profundidad debido a su pérdida de detalle de la redacción original de Dios. Tenga en cuenta que *el Espíritu Santo es la guía definitiva para la adecuada comprensión como usted lee las traducciones de su elección y busca la verdad* (1 Jn 2:27; cf. 2 Tim 3:16-17; Jn 8:31b-32).

Además de utilizar un par de buenas traducciones, hay muchas buenas guías de estudias bíblicas disponibles, tales como diccionarios bíblicos, concordancias, y comentarios que son muy útiles para entender el contexto histórico, cultural y religioso y otros conceptos de los antiguos tiempos bíblicos que abarcan varios miles de años. Hay otras ayudas que pueden ayudar a las personas a entender las diversas formas literarias (géneros) junto con los fundamentos de contexto histórico y literario. Uno de esos libros es Gordon Fee y Douglas Stuart *How To Read the Bible for All Its Worth*.[45] Se trata de una breve guía práctica a los principios generales de interpretación bíblica, pero también contiene un sesgo cultural que distorsiona la Escritura-deja que el Espíritu le guíe a medida que lee. Si se escucha a Dios, Él ayudará a usted a saber la verdad (1 Jn 2:27). Parte de la misión de Jesús era para dar testimonio de la verdad.(Jn 18:37; cf. 8:31b-32).

En todo momento, seguir escuchando, leer y vivir la Palabra de Dios. Dios habla poderosamente a cada uno de Sus hijos a través de su Palabra, el Espíritu Santo y Su orientación continua para ayudarnos comprender la realidad y Su deseo para cada una de nuestras vidas (Heb 4:12). Escucha a su ministro (s), se une a una iglesia local, se une un grupo de estudio bíblico, considera otros estudios personales de la Biblia como guiado por el Espíritu Santo, y lo más importante, haga lo que Dios le dice a usted a través de su Palabra y la orientación del Espíritu Santo .Muchas personas no pueden crecer en su caminar con Dios simplemente porque no aplican lo que Él enseña (Heb 5:14).

Pensamientos Finales

La mayoría de nosotros sentido de que la vida es algo más que un tiempo fugaz en la tierra antes de la muerte. Esto se debe a que la vida es eterna. Dios el Creador, el cual es eterno, creó tanto los ángeles y los seres humanos como seres eternos con libres de

Vamos a Glorificar a Dios 165

voluntad y, posiblemente, el resto de los seres celestes conocidos a través de la Escritura. Se desprende de la Escritura que la humanidad y los ángeles se les ha dado el libre albedrío. Cada uno tiene que decidir si o no quieren vivir con Dios o ser aislarse de Él por siempre.

Si tenemos en cuenta el panorama general, queremos dar las gracias a Dios por su naturaleza santa y nuestra creación para ser una parte íntima de su vida eterna. El Padre, el Hijo, y el Espíritu Santo forman un unidad viviente, una unidad divina, que se mantiene unida con perfecta amor ausente de todo pecado. No hay divisiones dentro de su relación íntima santa. Hemos sido creados a imagen de Dios conforme a su semejanza a ser parte de su eterna santa familia muy unida. A través del libre albedrío, todo el mundo se ha visto afectado y danado y la naturaleza de todo el mundo lucha con el egocentrismo, pero Dios trabaja con todo ayudar a los que escuchan para volverse de sus egocéntricos, egoístas formas de vida, su propia forma de ver y vivir la vida, y en lugar de vivir una vida santa que se basa en el amor mutuo igual para todos. Dios pide a cada persona de cada generación a abandonar y rechazar egocentrismo y elige la vida eterna con Él.

El deseo de Dios para todos es para todo el mundo para elegir el bien sobre el mal (mal). En un sentido, la vida es más sencilla de lo que imaginamos, porque la decisión de cada individuo respecto a la vida de uno mismo o de la comunidad determina su propio destino eterno. Para aquellos que eligen recibir a Dios como Señor y Salvador, usted está eligiendo bien sobre el mal. Usted está eligiendo lo que es bueno para usted mismo *y para* los demás. *Para aquellos que elegir uno mismo sobre los demás*, que están eligiendo una vida vacía que conduce a una vida de muerte eterna y una vida eterna de sufrimiento y vergüenza.

A medida que cada uno de nosotros viaje a través de esta parte de la eternidad, Dios se revela él mismo en una multitud de formas. Dios quieren que todo saberlo a Él (despertares espirituales). Cuando usted tiene un relación personal con y usted conoce a Dios, Él ayuda a usted someterse a Su voluntad y con confianza seguir Su ejemplo. Hasta usted conoce a Dios y su amor verdadero para todos, es más fácil seguir una ruta centrada en usted mismo sin someterse a él. Pero, una vez que una individuo ha comenzado a prestar atención a la revelación de Dios de Su mundo y Palabra, los engaños de Satanás y su propio deseos personales y egocéntricos se ponen de manifiesto y lo que es mucho más fácil someterse a Él. Él es un Padre amoroso y sustentador santa, que es digno de respeto y honor (reverencia).

¿*Se puede pensar en* **nada más glorioso** *que Dios y su eterna sagrada familia unida?* No puedo. Qué privilegio y el honor de ser invitado a la familia santa de Dios para ser amado por nuestro Padre Celestial tanto como ama a Jesús. Qué privilegio y honor de ser capaz de unirse a Dios en la mayor misión de rescate de toda la eternidad ayudar a la gente ser despertado de los engaños de Satanás y a ser entregado en la presencia maravillosa y la luz de Dios.

Si nos quedamos en el camino ancho de la destrucción, vamos a perder todas las grandes oportunidades que Dios tiene por nosotros ahora y siempre. Pero, si se escucha a Dios y nos volvemos a Él, Él comenzará a transformar sus vidas inmediatamente a ser más y más como Su. Tendremos el honor y el privilegio de seguir a Jesucristo, el Hijo del Altísimo y la alegría de ver vidas transformadas.

La única manera de que los seguidores de Jesús pueden experimentar la plenitud de la alegría que Jesús experimentó en la cruz es tomar parte en la batalla espiritual en curso y ***unirse a Dios en la mayor misión resca Su iglesia***; Su verdadera Iglesia que escucha a Él y le obedecen. De un creciente amor genuino por los demás, los seguidores de Cristo experimentan una gran alegría piadosa al ser parte de la familia de Dios y ayudando a rescatar a aquellos a los que ellos han llegado a amar. ***No hay mayor alegría que conducir a otros a Dios para salvarse de la vida profana ahora y el desastre final de la separación eterna de Dios***.

Es mi oración personal que la lectura de este libro ha ayudado usted desea una relación más estrecha con Dios como un miembro de Su creciente eterna santa familia muy unida. Si no lo ha hecho todavía, ahora es el momento para que usted pueda buscar la voluntad de Dios en saber y el hacer su parte en la construcción de Su familia eterna. ***A medida que usted envíe más plenamente al liderazgo de Cristo y los líderes de la Iglesia nombrados, su nivel de paz y alegría interior seg-uirá creciendo.***

Vamos a Glorificar a Dios 167

Al liderar a otros fuera de su oscuridad espiritual de Satanas-que ha sido creado por egocentrismo, egoísmo, y los engaños de Satanás--*usted ayuda a ellos encontrar la maravillosa luz de la presencia de Dios*, su alegría se harán más y más como Cristo. Mantenga sus ojos fijos en Jesús, el autor y consumador de la fe, que lleva todos los que le seguirá en la presencia gozosa de nuestro Padre Eterno y Familia Celestial.

Si yo personalmente no le encuentro a usted a este lado de la eternidad, quiero que sepa que es mi oración que usted tiene una vida emocionante y rico "en Cristo." Podemos continuar escuchando a nuestro Padre Celestial como Él conduce y guías a nosotros para ayudar a otros a conocer la realidad de Su carácter bondadoso y Su deseo para que todos puedan unirse a él con Cristo en ese gran banquete de la resurrecion en la terminación de la creación, cuando toda la eterna santa familia muy unida de Dios celebrarán el amor de Dios juntos. Vamos todos a recordar que cuando el pueblo de Dios escuchan a Él con obediencia y revelan la naturaleza maravillosa de Cristo con el mundo que les rodea a través de sus acciones, así como sus palabras, algunas personas serán salvado de sufrimiento *eterno* y la vergüenza *presente* de este mundo y nuestras tierras serán bendecidos.

¡Gracias a Dios por Jesús!

Apéndice: ¡Los seguidores de Jesús proclamar que Jesús es el único camino!

Creación de Dios: Eterna Unida Santa Familia

Con libre albedrío vino desobediencia, pecado.
Con el pecado, ha sido el mensaje principal de Dios para todos:
arrepentirse! Vuelta de sí mismo a Dios su modo de vida.
(Mt 3:2; 4:17; Hch 2:38; 2 Pedro 3:9)

Eterna Presencia de Dios
&
El nuevo cielo y tierra
(2 Pedro 3:10-13; Ap 21:1-6)

La vida eterna : * Rom 10: 9; * Juan 14: 6 ; Ap 3:20

La vida eterna comienza ahora! *Rom 6: 20-22; Gal 5: 22-23; 1 Juan 3: 1-2; 2 Cor 5 : 17-21

La vida eterna es para aquellos que están aprendiendo a devolver el amor de Dios-Rom 8:28-30; St. 1:12, 2:5; 1 Juan 4:19.

de Jesús proporciona la para todos

1 Cr 15:50-57
1 Pedro 2:24
Flp 3:20-21

La muerte expiatoria eliminación del pecado recibiéndolo.
Juan 1:12; Gál 3:13-14;
2 Cr 5:21;
Col 2:13-14

Si Jesús no se convierte en señor y salvador , el propio pecado lo separa de Dios conduce a la separación del enternal en el Infierno : * Rom 3:23; 06:23 ; Ap 20: 11f .

Ser santo porque Dios es santo - Lv 19: 2.

La naturaleza de Dios es puro amor - 1 Juan 4:16.

El amor de Dios atrae a algunos a Él: * Juan 3: 16-17; 15: 12-13.

1. Para más detalle aquí o para otras ideas importantes que se enseñan en este libro, véase James B. Joseph, *Experiencing Jesus' Joy* (Lynchburg: Liberty University Press, 2013). Ver el texto normal y las notas finales.

2. Para la lectura adicional con respecto a la distribución de la gloria de Jesús con todos los que aprender a confiar y obedecer a Dios, véase James B. Joseph, *Unity and Obedient Discipleship in John 17* (Saarbr cken: LAMBERT Academic Publishing, 2016) y *Victory in Jesus: Being a Child of God* (Kings Mountain: Drawbridge Publishing, 1997).

3. Constantine Scouteris, "The People of God–Its Unity and Its Glory: A Discussion of John 17:17–24 in the Light of Patristic Thought," *The Greek Orthodox Theological Review* 30, no. 4 (Winter 1985): 399–414.

4. Scouteris, "The People of God," 401–01.

5. Scouteris, "The People of God," 403.

6. Scouteris, "The People of God," 405-06.

7. Scouteris, "The People of God," 407.

8. Scouteris, "The People of God," 411.

9. Scouteris, "The People of God," 414.

10. C. H. Dodd, *The Interpretation of the Fourth Gospel* (New York: Cambridge University Press, 1953, reimpresión 1958), 187–200; cf. John 14:20.

11. Dodd, *Interpretation of the Fourth Gospel,* 196

12. Dodd, *Interpretations of the Fourth Gospel*, 197

13. Véase Gary Chapman and Arlene Pellican, "Screen Time and Shyness; Screen Time and the Brain," *growing up social* (Chicago: Northfield, 2014).

14. Josh McDowell, *A Ready Defense* (San Bernardino: Here's Life, 1990, reimpresión 1991).

15. C. Mark Corts, *The Truth about Spiritual Warfare: Your Place in the Battle Between God and Satan* (Nashville: Broadman & Holman, 2006).

Experimentar la Alegría de Jesús a través de Discipulado Obediente

16. Compare Mateo 25:41; Rev 19:20; 20:10, 14-15. A partir de Isa 14:11, vemos un "gusano" (en singular) se utiliza como un recubrimiento para aquellos en el Seol. De otra Escritura, esto se llevaría a cabo en los bajos fondos de la sepultura para los infieles. Las mismas palabras se utilizan en el hebreo y el griego en Isaías 66:24 para representar el gusano que no morirá por los que están siendo atormentados para siempre. Dios usa la misma imagen y texto en Marcos 9:43-48 para ayudar a todos los que están escuchando comprender la desgracia y el dolor de vivir en el infierno, en el Reino del Infierno.

17. Hechos 2:27 es un buen Escritura para comparar con Ps 16:10 en la versión griega de el Antiguo Testamento (Septuaginta) y la versión hebrea del Antiguo Testamento. Pedro está citando a David aquí y así que cuando nos fijamos en las versiones en griego y hebreo, vemos que aquellos que leen la Biblia griega en el siglo I habría visto la misma palabra griega que Pedro utiliza, *haidēs*, "Hades," y los que están leyendo desde el la Biblia hebrea hubiera visto, el Seol, que muestra la equivalencia de las dos palabras.

18. Ignatius of Antioch, "To the Trallians," Versión larga, Libro 2, 2.9.4. Esto coincide con la Escritura como Hechos 2:27, 31 y Efesios 4:8-10.

19. Una página web muestra algunos de nuestros mundos edificios más altos con los más altos de Dubai, EAU (Emiratos Árabes Unidos) con una altura de 2717 pies. Terminados en 2010, es decir un poco más de una milla y media de altura (5280 ft./mi.) y el segundo más alto en Taipei, Taiwán, con una altura de 1.670 pies. terminado en 2004, consultado el 26 de junio de 2015, URL: http://architecture.about.com/od/skyscrapers/a/Worlds-TallestBuildings.htm.

20. Billy Graham, *The Journey: How To Live by Faith in an Uncertain World* (Nashville: W Publishing, 2006), tiene un capítulo causa del pensamiento, "Can We Start Over?" Muchas personas han sido engañados por Satanás en el pensamiento de que no se puede empezar de nuevo, pero esta es una de sus muchas mentiras. Dios desea que todos vuelvan a Él y ser salvo (Juan 3:16; 2 Pedro 3:9).

21. Billy Graham, *How To Be Born Again* (Waco: Word Books, 1977), 152–53.

22. Billy Graham, *Just As I Am: the Autobiography of Billy Graham* (New York: Harper Collins, 1997), 26–27.

23. Graham, *Just As I Am*, 28.

24. Graham, *Just As I Am,* 29-30.

25. Graham, *Just As I Am,* 30.

26. Bush, *Decision Points*, 31.

27. Bush, *Decision Points*, 30.

28. James M. Boice, *Christ's Call to Discipleship* (Minneapolis: Grason, 1986), 139.

29. Boice, *Christ's Call to Discipleship*, 35.

30. Kyle Idleman, *Not a Fan: Becoming a Completely Committed Follower of Jesus* (Grand Rapids: Zondervan, 2011), 11–13.

31. Kyle, *Not a Fan*, 14-15.

32. Kyle, *Not a Fan*, 158-61.

33. James B. Joseph, *No More Walls! Creation of One New Man in Christ: Ephesians 2:11–22* (Saarbrücken: LAMBERT Academic Publishing, 2015), 25–62.

34. Billy Graham, *The Journey*, 62.

35. Josh McDowell and Bob Hostetler, *Beyond Belief to Convictions* (Carol Stream: Tyndale House, 2002), 296.

36. Dietrich Bonhoeffer, *Letters & Papers from Prison*, rdo. ed., ed. Eberhard Bethge (New York: Simon & Schuster, 1997), 411.

37. Dietrich Bonhoeffer, *The Cost of Discipleship* (New York: Touchstone, 1995).

38. Bonhoeffer, *Letters and Papers from Prison*, 369–70.

39. Max Lucado, *Out Live Your Life* (Nashville: Thomas Nelson, 2010).

40. Bill Hybels and Mark Mittleburg, *Becoming a Contagious Christian* (Grand Rapids: Zondervan, 1994), 67ff.

41. Hybels and Mittleburg, *Becoming a Contagious Christian*, 135ff.

42. Bill Hybels, *Just Walk Across the Room: Simple Steps Pointing People to Faith* (Grand Rapids: Zondervan, 2006);
    Dick Innes, *I Hate Witnessing: A Handbook for Effective Christian Communications*. rdo. ed. (San Clemente: Acts Communications, 2003).

43. Graham, *The Journey*, 74–76.

44. Graham, *The Journey*, 77–78. Para una introducción práctica al discipulado, considere trabajar a través el curso de 13 semanas de Henry Blackaby, *Experiencing God*, rdo. ed. (Nashville: Broadman and Holman, 2008).

45. Gordon D. Fee and Douglas Stuart, *How To Read the Bible for All Its Worth*, 4th ed. (Grand Rapids: Zondervan, 2014).

Referencias

Blackaby, Henry. *Experiencing God*. Rdo. ed. Nashville: Broadman and Holman, 2008.

Boice, James M. *Christ's Call to Discipleship*. Minneapolis: Grason, 1986.

Bonhoeffer, Dietrich. *The Cost of Discipleship*. New York: Touchstone, 1995.

_____. *Letters & Papers from Prison*. Rdo. ed. New York: Simon & Schuster, 1997.

Bush, George W. *Decision Points*. New York: Crown, 2010.

Chan, Francis and Preston Sprinkle. *Erasing Hell: What God Said about Eternity, and the Things That We Have Made Up*. Colorado Springs: David C Cook, 2011.

Chapman, Gary and Arlene Pellican. *growing up social*. Chicago: Northfield, 2014.

Corts, Mark C. *The Truth about Spiritual Warfare: Your Place in the Battle between God and Satan*. Nashville: Broadman & Holman, 2006.

Dodd, C. H. *The Interpretation of the Fourth Gospel*. New York: Cambridge University Press, 1953. Reimpresion, 1958.

Fee, Gordon D. and Douglas Stuart. *How To Read the Bible for All Its Worth*. 4th ed. Grand Rapids: Zondervan, 2014.

Graham, Billy. *How To Be Born Again*. Waco: Word Books, 1977.

_____. *The Journey: How To Live by Faith in an Uncertain World*. Nashville: W Publishing, 2006.

_____. *Just as I Am: The Autobiography of Billy Graham.* New York: Harper Collins, 1997.

Hybels, Bill. *Just Walk Across the Room: Simple Steps Pointing People to Faith.* Grand Rapids: Zondervan, 2004.

Hybels, Bill, Lee Strobel, and Mark Mittleburg. *Becoming a Contagious Christian.* Grand Rapids: Zondervan, 1994.

Idleman, Kyle. *Not a Fan: Becoming a Completely Committed Follower of Jesus.* Grand Rapids: Zondervan, 2011.

Innes, Dick. *I Hate Witnessing: A Handbook for Effective Christian Communications.* Rdo. ed. San Clemente: Acts Communications, 2003.

Joseph, James B. *Experiencing Jesus' Joy.* Lynchburg: Liberty University Press, 2013.

_____. *No More Walls! Creation of One New Man in Christ: Ephesians 2:11–22.* Saarbrücken: LAMBERT Academic Publishing, 2015.

_____. *Unity and Obedient Discipleship in John 17.* Saarbrücken: LAMBERT Academic Publishing, 2016.

_____. *Victory in Jesus: Being a Child of God.* Kings Mountain: Drawbridge Publishing, 1997.

Lucado, Max. *Out Live Your Life: You Were Made To Make a Difference.* Nashville: Thomas Nelson, 2010.

McDowell, Josh. *A Ready Defense.* San Bernardino: Here's Life, 1990. Reimpresion, 1991.

McDowell, Josh and Bob Hostetler. *Beyond Belief to Conversion.* Carol Stream: Tyndale House, 2002.

Metzger, Bruce M. *The Canon of the New Testament: Its Origin, Development, and Significance.* New York: Oxford University Press, 1997.

Milne, Bruce. *The Message of John.* Downers Grove: InterVarsity, 1993.

Piper, John. *What Jesus Demands from the World.* Wheaton: Crossway, 2006.

Scouteris, Constantine. "The People of God– Its Unity and Its Glory: A Discussion of John 17:17–24 in Light of Patristic Thought." *The Greek Orthodox Theological Review* 30, no. 4 (Winter 1985): 399–414.

Stott, John. *Basic Christianity.* 2nd ed. London: InterVarsity, 1971.